ÔKOUBO

59848

O^2_S

197

MINISTRES ET HOMMES D'ÉTAT

Biographies des hommes d'État : souverains et ministres, qui ont joué un rôle prédominant dans la formation du monde politique contemporain. Chaque volume de format in-16 couronne de 200 pages environ.. . . . . 2 fr. 50

VOLUMES PUBLIÉS

ALLEMAGNE.. — **Bismark,** par *Henri Welschinger.*
ESPAGNE.. . — **Prim,** par *H. Léonardon.*
ANGLETERRE. — **Disraëli,** par *Maurice Courcelle.*
JAPON. . . — **Okoubo,** par *Maurice Courant.*

POUR SUIVRE

ÉTATS-UNIS.. — **Mac-Kinley,** par *Achille Viallate.*
— **Abraham Lincoln,** par *Achille Viallate.*
ANGLETERRE — **Gladstone,** par *F. de Pressensé.*
AUTRICHE. . — **Metternich,** par *Christian Schefer.*
RUSSIE. . . — **Alexandre II,** par *Alfred Rambaud.*
PAPAUTÉ.. . — **Léon XIII,** par *Alfred Leroy-Beaulieu,* de l'Institut.
ITALIE. . . — **Cavour,** par *A. Farges.*

ÔKOUBO

PAR

MAURICE COURANT

PARIS

FÉLIX ALCAN, ÉDITEUR

ANCIENNE LIBRAIRIE GERMER BAILLIÈRE & Cⁱᵉ

108, BOULEVARD SAINT-GERMAIN, 108

1904

AVERTISSEMENT

—

Ni l'Europe, ni le Japon n'ont jusqu'ici rendu justice à Ôkoubo Tosimitsi, et c'est par induction qu'on le découvre dans les livres consacrés à d'autres; mais dès que ces livres citent des lettres, des extraits de journaux personnels, des rapports, le nom d'Ôkoubo se trouve à chaque page; et si l'on scrute les origines du Japon moderne, son action paraît à la base de chaque institution. De 1862 à 1878, il a été le ressort de la Restauration, à tel point que sa figure personnelle s'efface un peu dans les faits qu'il a détournés ou dirigés : il devient l'incarnation de la Restauration même.

Ébloui de la grandeur de ce rôle, j'ai tâché toutefois de rester équitable et pour ses adversaires qui ne manquaient ni de courage ni d'idées partiellement justes, et envers ses amis; car, s'il est le représentant le plus complet d'une école politique, il n'est ni premier, ni unique.

J'exprime ici ma reconnaissance à la famille

de ce grand homme d'état : ses fils ont bien voulu, en effet, me communiquer, avec un portrait de leur père, des renseignements, manuscrits et autres, en évitant, avec une discrétion respectable, toute indication de nature à peser sur ma conscience d'historien. Je dois aussi des remerciements aux amis japonais qui m'ont mis en relation avec les fils d'Ôkoubo Tosimitsi et qui m'ont aidé de leurs lumières.

Je me suis servi d'un petit nombre de livres écrits dans des langues européennes :

Japan, par W. DICKSON, 1 vol. in-8. Londres, 1869.

The History of Japan, par F. O. ADAMS, 2 vol. in-8. Londres, 1875.

The Satsuma rebellion, par A. II. MOUNSEY, 1 vol. in-8. Londres, 1879.

Ancien Japon, par G. APPERT et II. KINOSHITA, 1 vol. in-18. Tôkyô, 1888.

Geschichtliche Entwickelung der Staatsverfassung und des Lehnwesens von Japan, par S. YOSIDA, 1 vol. petit in-8. La Haye, 1890.

La Restauration impériale au Japon, par le vice-amiral LAYRLE, 1 vol. in-12. Paris, 1893.

La « Religion de Jésus » ressuscitée au Japon, par l'abbé F. MARNAS, 2 vol. petit in-8. Paris et Lyon, 1897.

Littérature japonaise, par W. G. ASTON, traduction de Henry-D. Davray, 1 vol. in-8. Paris, 1902.

J'ai eu recours à un plus grand nombre d'ouvrages en japonais ; je n'en citerai que quelques-uns :

Vie d'Ôkoubo, par KAWASAKI SISAN, 1 vol. in-8. Tôkyô, 1898.

Vie de Saigô, par le même, 1 vol. in-8. Tôkyô, 1897.

Vie de Saigô, par Katsouta Magoya, 5 vol. in-8. Tôkyô, 1894-1896.

Histoire des grands daimyô, suite, du xviiie siècle à 1876 (Chokou Nihon gwaisi), par Oumasougi Tsounagou, 6 vol. petit in-8. Tôkyô, 1876-1877.

Japanese professional and industrial Encyclopedia (Meidzi hôkan), par Matsoumoto Tokoutarô, 1 vol. grand in-8. Tôkyô, 1892.

Bulletin des Lois (Hô rei zencho), années 1867-1884, in-8. Tôkyô, 1887-1891.

Tables généalogiques de la Maison impériale, par Kourogawa Sinrai, 2 vol. grand in-8. Tôkyô, 1894.

Antiquités de Edo (Edo kyou zi ko), par divers auteurs, 3 vol. grand in-8. Tôkyô, 1892.

Coutumes des Tokougawa (Tokougawa sei sei rokou), par Itsioka Seiitsi, 2 vol. grand in-8. Tôkyô, 1888.

Treaties and conventions between the Empire of Japan, etc., 1 vol. grand in-8. Tôkyô, 1884.

Histoire de la Cour des Interprètes (Htong moun koan tji), ouvrage coréen, 6 vol. in-fol. Seoul, le dernier de 1889.

J'ai tiré de nombreux renseignements de divers articles parus dans les deux recueils suivants :

Mittheilungen der deutschen Gesellschaft für Natur- und Völkerkunde Ostasiens.

Transactions of the Asiatic Society of Japan.

Je renvoie aussi le lecteur curieux des institutions, à mon article *les Clans japonais sous les Tokougawa,* qui paraîtra prochainement avec une carte dans la Bibliothèque de vulgarisation du Musée Guimet (Conférences au Musée Guimet, 1902-1903).

Pour la transcription des noms japonais, je

me suis efforcé d'en rendre la prononciation en
m'écartant le moins possible des kana japonais
et conservant aux lettres leur valeur française ;
le système suivi est donc exposé à des objections
diverses. Les voyelles doivent être prononcées
séparément, sauf ou qui garde sa valeur ordinaire
— G est toujours guttural — la combinaison
CH a le même son qu'en français, un peu mouillé
— H a un son aspiré et soufflé qui tend vers F,
mais en reste distinct ; entre deux voyelles, elle
est muette — s est intermédiaire entre s et CH
du français — z est l'adoucissement de s — W a
la même valeur qu'en anglais, il disparaît
presque après K et G.

Ecully, avril 1903.

ÔKOUBO

I

LE JAPON EN 1830.

Le Japon que nous avons sous les yeux, avec un Souverain, un parlement, une armée et une marine, un corps de préfets et une magistrature, avec des universités et des chemins de fer, avec des banques et de grandes exploitations industrielles, diffère grandement du Japon de 1830. Presque rien ne subsiste de ce qui existait alors ; ce qui a survécu, est méconnaissable.

Comme aujourd'hui, l'impulsion venait de Édo, mais elle n'émanait pas de l'Empereur. A Édo, résidait le Chôgoun, seigneur héréditaire du Kwantô[1], ainsi que des provinces de Mikawa, Tôtômi, Sourouga, Kahi, Sinano ; il était ainsi maître d'un domaine d'un seul tenant, couvrant le quart du Japon, près de onze des préfectures actuelles[2], situé dans les régions les plus riches

[1]. Provinces de Sagami, Mousasi, Kôtsouké, Simotsouké, Hitatsi, Katsousa, Simôsa, Awa.
[2]. Gouvernement de Tôkyô, préfectures de Kanagawa, Saitama, Yamanasi, Sidzouoka, Aitsi, Nagano, Goumma, Totsigi, Ibaragi, Tsiba.

Maurice COURANT. 1

et coupant les communications entre le nord-
est et le sud-ouest de l'Empire ; en outre, il
détenait et gouvernait directement divers châteaux
et territoires épars, vers le centre du pays
Yamada, Nara, Housimi, Sakahi, Ôsaka, Kyôto
avec le château de Nidjô, au nord Sado et Nihi-
gata, au sud-ouest Nagasaki. D'autre part, le
Chôgoun tenait de la confiance impériale la
charge de diriger toute l'administration, il
était par là lieutenant-général de l'Empire,
revêtu de toute l'autorité, mais, ainsi que tout
fonctionnaire, sujet à être destitué. En fait, une
évolution ancienne avait créé la féodalité territoriale après avoir établi l'hérédité de la
plupart des offices ; de « maréchal chargé de
combattre les barbares », le Chôgoun était
devenu un régent, non pas pour la minorité du
Souverain, non pas même à vie, mais héréditaire :
de l'autorité suprème ainsi divisée, l'essence, le
pouvoir éminent demeurait, avec les insignes
sacrés, aux mains de l'Empereur, issu du soleil
et trônant à Kyôto, tandis que, de droit, par
délégation impériale renouvelée à chaque Chôgoun, et de fait, l'exercice du pouvoir devenait
le patrimoine de la famille des Tokougawa. Une
constitution analogue avait été appliquée depuis
le xiie siècle sous plusieurs dynasties de Chôgoun
et avait plusieurs fois disparu dans l'anarchie.
A la fin du xvie siècle, Ihéyasou, de l'illustre
maison des Minamoto, chef de la branche des
Tokougawa, seigneur de Mikawa, d'abord

ennemi, puis (1584) fidèle soutien et beau-frère
du grand Taikô[1] Hidéyosi, ayant conquis les
provinces voisines de sa seigneurie, investi par
le Taikô des provinces du Kwantô, se trouva,
à la mort de Hidéyosi (1598), le tuteur du fils
de celui-ci en même temps que le plus consi-
dérable des seigneurs militaires. Il sut triompher de la coalition de ceux-ci à Sékigahara (1600)
et écraser les derniers opposants, au nombre
desquels, son ancien pupille, en s'emparant du
château d'Ôsaka (1615); dès 1603, il avait reçu
de la Cour impériale le titre de Chôgoun, qui
fut conservé par ses successeurs jusqu'en 1868.
La Cour, en effet, dès longtemps déshabituée
de toute activité, n'avait, parmi les guerres du
xvie siècle, même pas eu la velléité de ressaisir
le pouvoir : une fois de plus, elle sanctionnait
le fait accompli. Cette domination complexe
qu'il avait acquise, Ihéyasou sut la rendre
stable, en conservant ou restituant les coutumes
des anciens Chôgoun, mais y pondérant par
des déviations discrètes les forces en présence.

A la tête du gouvernement chôgounal ou
Bakou-hou, fut maintenu le Rôdjou, Conseil
d'État de quatre ou cinq membres; ils étaient
choisis parmi les seigneurs vassaux du Chôgoun
et, bien que nommés par ce dernier, ils se recru-
taient en réalité par cooptation; si l'on excepte,
avec Ihéyasou lui-même, ses deux premiers

---

1. L'ex-kwambakou s'appelle Taikô.

successeurs et Yosimouné au XVIII° siècle, les
Chôgoun, incapables ou occupés de leurs plaisirs,
abandonnaient presque toujours aux conseillers
la conduite des affaires ; le gouvernement resta
donc constamment dans les mains d'une oligarchie éclairée, avant tout respectueuse de la
tradition. Ainsi l'avait voulu Ihéyasou, dont le
testament politique (les Dix-huit lois de 1615)
règle la déposition et le remplacement du
Chôgoun en cas de mauvaise administration ; de
là, résulta une politique remarquablement suivie
pendant plus de deux siècles, en même temps
que fut mis obstacle à l'usurpation héréditaire
du pouvoir chôgounal par un premier ministre,
comme on l'avait vu dans le passé. Dans le seul
cas de minorité ou de maladie du prince, on
nommait un tairô, président des conseillers et
régent, toujours pris ou dans l'une des branches des Tokougawa ou parmi les chefs des
quatre familles vassales les plus importantes.
Le Rôdjou contrôlait toute l'administration centrale et provinciale, à part un très petit nombre
de fonctionnaires dépendant directement du
Chôgoun, et traitait au nom du Bakou-hou avec
les principaux seigneurs. Le Wakadosiyori, conseil inférieur au Rôdjou, avait une compétence
analogue portant sur les seigneuries et les fonctions moins importantes.

Au dessous de ces deux conseils, on trouve à
Édo les charges militaires, financières, judi-
ciaires réparties par l'un ou l'autre des conseils

entre des fonctionnaires qui appartiennent toujours à la noblesse dépendant du Chôgoun ; presque tous les emplois comportent plusieurs titulaires égaux, agissant de concert ou exerçant les fonctions alternativement selon un ordre fixé. Les ômétsouké, grands inspecteurs, font échec aux abus de pouvoir des fonctionnaires actifs et délibérants ; dépendant du seul Rôdjou, dirigeant de nombreux agents officiels ou secrets, ils sont présents partout, dans les conseils, près des officiers et des seigneurs, dans les auberges et les lieux publics.

Le Bakou-hou exerçait sur le personnel extérieur une autorité égale et assurée par les mêmes moyens. A Kyôto, ville de grande importance politique, il était représenté par un gouverneur militaire, le chosidai, chargé avec ses subalternes, commissaires, officiers militaires, préfets du Palais et autres, de surveiller la Cour, d'administrer et de défendre la région ; par le djôdai, gouverneur militaire, et ses subordonnés, il gouvernait la place et les environs d'Ôsaka, dont le rôle stratégique et économique était de premier ordre. Dans les autres régions dépendant de son administration directe, provinces formant le domaine central du Chôgoun ou enclaves éloignées, l'administration était confiée aux seuls bougyô ou commissaires dans les villes les plus importantes, daikwan ou dzitô, intendants, surtout dans les districts ruraux. C'étaient les seuls officiers connus du peuple ; les daikwan,

de beaucoup les plus nombreux, étaient choisis
dans une vieille famille do la localité, presque
héréditaires, ainsi ils connaissaient intimement
leur district et leurs administrés, d'où résul-
taient pour le pays et pour le gouvernement
à la fois des avantages et des inconvénients.
Si, à Édo, les diverses branches de l'administration étaient séparées, elles se trouvaient
réunies dans les mains du daikwan ou du
bougyô, devenu ainsi le représentant total du
Chôgoun.

Les agents locaux du Bakou-hou trouvaient
devant eux non des individus isolés, mais des
communautés douées de personnalité civile, la
famille, le syndicat de cinq familles fondé sur
le voisinage et sur l'hérédité, la commune
rurale ; le chef, habituellement élu pour les deux
dernières associations, et la communauté tout
entière, étaient responsables pour les membres,
aussi bien que pour leurs femmes, enfants, serviteurs ; ils exerçaient une autorité corrélative.
Des corporations analogues étaient formées des
artisans et des marchands dans les villes. Les
taxes communales ou corporatives étaient déci-
dées par l'assemblée des intéressés, sans que le
daikwan pût faire plus que de donner un avis.
Par les soins des chefs de commune, l'impôt
payé en grains et s'élevant à un maximum de
50 pour cent du produit de la terre, était versé
au daikwan ; en plusieurs régions, la communauté en était débitrice solidaire. La juridiction

des degrés inférieurs était plutôt un arbitrage exercé par les communautés superposées ; le daikwan ou le bougyô n'intervenait que faute de conciliation ; il était compétent en toute matière civile. Dans les affaires criminelles graves, le jugement de l'autorité locale n'était exécutoire qu'après revision et avec autorisation des tribunaux supérieurs, tribunal du gouverneur de Kyôto pour cette ville et pour le domaine de la Couronne[1], tribunal du gouverneur d'Ôsaka et Hyôdjôcho, tribunal des délibérations, respectivement pour les provinces occidentales et orientales. L'application des châtiments et la solution des litiges étaient réglées par un petit nombre de lois positives, par la pratique des tribunaux, accessoirement par un code japonais du début du VIIIᵉ siècle et par un code chinois de la fin du XIVᵉ ; on avait recours aussi aux prescriptions rituelles ou pénales des vieux classiques chinois et de leurs commentateurs ; c'est seulement en 1742 qu'un magistrat du Hyôdjôcho réunit en cent trois articles (700 paragraphes) la jurisprudence en usage ; encore cet essai de code ne fut jamais publié. Cet état défectueux de la loi offrait moins d'inconvénients qu'on pourrait croire, dans un pays où le principe était de se conformer aux précédents et où chaque communauté conservait jalousement les traditions. Toutefois les exemples

---

1. Correspondant à peu près aux provinces de Yamasiro, Yamato, Ômi, Tamba.

sont nombreux de cas où les juges, circonvenus
par de faux précédents, égarés par des déduc-
tions mal établies, jugeaient contre l'équité,
punissaient contrairement à la loi. Les châtiments
étaient appliqués avec modération, susceptibles
de diminution et de grâce, mais, de par la loi,
ils étaient terribles, surtout s'il s'agissait de
désobéissance, de manque de respect à l'égard
des dépositaires de l'autorité; la peine de mort
était appliquée par la décollation, par le feu, par
la croix, par la scie : rappelons-nous qu'au xviii°
siècle, l'Europe connaissait encore, outre diverses
mutilations, le feu et la roue.

En somme la politique chôgounale à l'égard
du peuple était une politique d'intérêt bien
entendu, le ménageant pour ne pas diminuer sa
productivité, mais ne lui permettant pas de
sortir de sa condition. Si, à Ôsaka et à Édo, le
grand commerce, par sa fortune, faisait la loi
aux daimyô, rien n'était changé dans les relations
sociales. Les marchands étaient dans la situation
des juifs au moyen-âge; les paysans, souvent
propriétaires, étaient attachés à la glèbe; ni
les uns ni les autres n'avaient droit à un nom
de famille, privilège réservé à la noblesse; ils
étaient impunément mis à mort par les samourahi;
spectateurs héréditaires de la vie des nobles
pour qui ils travaillaient, ils n'ont joué aucun
rôle dans la révolution du xix° siècle, qui leur a
apporté l'égalité civile.

Sur la noblesse vassale, s'appuyait le pouvoir

des Chôgoun; de cette noblesse ils réclamaient
le service militaire et civil; à elle ils accordaient en échange des fiefs de nature diverse et
d'autres privilèges. Le samourahi vit d'un fief
héréditaire qui consiste soit en une pension d'un
nombre fixe de kokou[1] de riz, soit en un domaine
dont l'importance est estimée d'après le revenu
évalué en kokou; il ne doit pas travailler, il n'a
donc pas d'impôts à payer; il est cependant tenu
envers son suzerain de dons gracieux variant suivant le revenu du fief et présentés souvent en
nature, parfois en argent, aux changements de
saison, au moment de l'investiture et dans quelques autres circonstances. En matière criminelle,
le samourahi n'est pas justiciable du daikwan,
mais seulement des tribunaux supérieurs qui
siègent plus ou moins au complet suivant le
rang nobiliaire des parties; les châtiments les
plus grands sont le harakiri et la dégradation du
rang de samourahi avec confiscation du fief;
pour des fautes légères, le samourahi est mis
aux arrêts dans sa maison. Le fief territorial
forme un état vassal soustrait à la juridiction
directe du Chôgoun, le détenteur du fief en est
le chef; il perçoit l'impôt qui s'élève parfois
à 80 pour cent du produit de la terre; il juge
les paysans qui sont ses sujets, n'étant d'ailleurs investi d'une juridiction complète que si

---

1. Le kokou vaut 180 litres; le prix en a varié entre 15 et
27 francs approximativement.

le fief dépasse dix mille kokou; il doit surtout
le service à son seigneur, service à la guerre,
service d'escorte lors des voyages, service de
garde dans les châteaux. Cette obligation de
service, le samourahi vassal la remplit de sa
personne, et accompagné de ses fils aussi bien
que de ses soldats et de ses serviteurs. Les
paysans jouent le rôle de serviteurs; les soldats,
qui ne sauraient appartenir à une classe aussi
vile, sont des demi-samourahi vivant aux dépens
du fief; les chevaux, l'équipement sont achetés
et entretenus par le détenteur du fief; le nombre
et la composition de chaque contingent sont
fixés à peu près proportionnellement au revenu
du domaine, pour le service militaire cinq
hommes (1 combattant et 4 valets) par deux cents
kokou d'après la loi de 1649; les chiffres ont
varié suivant les époques et sont beaucoup
moins élevés pour le service d'escorte et de
garde. Tous les postes militaires ou civils du
Bakou-hou appartenant aux vassaux du Chôgoun, l'importance de la charge accessible à
chacun, croît avec celle du fief qu'il détient; il
en est de même sur chaque domaine pour les
vassaux du seigneur; aussi les charges sont peu
payées; si les vassaux sont seuls qualifiés pour
les remplir, le seigneur a aussi le droit de récla-
mer ce service civil.

Outre les avantages substantiels déjà énumé-
rés, le noble jouissait du privilège d'aller à
cheval et de porter les deux sabres. Cette dis-

tinction avait aux yeux du Japonais plus de valeur
que toutes les autres ; le sabre était « l'âme du
samourahi », qui ne devait jamais le quitter et
qui devait immédiatement s'en servir pour venger l'injure, même involontaire, faite à lui-
même ou à son seigneur par un homme de caste
inférieure, fût-ce par un demi-samourahi. Ce
droit et ce devoir terribles, universellement admis, achevaient de séparer la vraie noblesse de
ceux qui s'en rapprochaient le plus et qui, par-
ticipant à quelques-uns de ses privilèges, ser-
vaient le seigneur comme simples soldats ou
comme petits employés et recevaient des allocations viagères, parfois héréditaires. Aussi le
culte de l'honneur personnel, de l'honneur du
seigneur, de l'honneur du clan était-il profondément imprimé dans l'esprit de toute la
noblesse ; avec le mépris de la vie, on lui incul-
quait le dédain du confortable, du plaisir, de la
richesse, le respect et la maîtrise de soi, l'amour
du beau et du noble, le dévouement éclairé au
seigneur, la mansuétude envers les inférieurs.
C'était un idéal très élevé : on peut dire que
peu de classes sociales se sont approchées de leur
idéal propre autant que l'ont fait les samourahi.

Dans la noblesse des samourahi, qui participe
tout entière à ces droits et à ces devoirs et parmi laquelle règne une certaine égalité, il y a plusieurs classes. Souvent le nom de samourahi est
restreint aux nobles inférieurs dépendant des
Tokougawa ou des autres seigneurs, et étendu

aux soldats et employés roturiers. Les hatamoto,
au nombre d'environ trois mille familles, étaient
les moins élevés des vassaux directs du Chôgoun
et descendaient des vétérans de Ihéyasou ; vivant
surtout à Édo et dans les environs de revenus
variant entre cent ou moins de cent et dix mille
kokou, ils formaient le clan des Tokougawa ;
ils fournissaient au Bakou-hou le plus grand
nombre de ses officiers et de ses fonctionnaires ;
seuls les postes les plus élevés, ceux du Rôdjou
par exemple, leur restaient d'habitude inacces-
sibles. Les daimyô, seigneurs dont le revenu
s'élevait à un minimum de dix mille kokou,
détenaient à titre de fiefs tout le territoire en dehors du domaine chôgounal et du domaine
impérial ; encore quatre-vingt-dix d'entre eux,
sur un total de plus de deux cent cinquante,
avaient-ils leurs terres enclavées dans les domaines du Chôgoun et de la Couronne. Le daimyô
était chef d'état, chef de clan ; comme le Chôgoun avait ses hatamoto, le daimyô était entouré
de ses kérai, vassaux héréditaires, pourvus de
pensions ou de fiefs territoriaux estimés parfois
jusqu'à trente mille kokou ; un riche daimyô
(310000 kokou) avait environ cinq cents samourahi nobles et un bien plus grand nombre de
demi-samourahi. Au premier rang des kérai, on
trouve les familles des karô ; ce sont les maisons qui, depuis de longues générations, ont
fidèlement servi le seigneur ; parfois ce sont les
descendants de conseillers placés dans le fief

par le Chôgoun pour surveiller le daimyô ; et,
comme le souvenir des obligations se perpétue,
le rôle continue d'être rempli. Les karô en
charge, trois ou quatre dans les plus grands
clans, sont les conseillers du seigneur, agissent
habituellement pour lui, sont tenus pour responsables de ses actes, parfois condamnés à mort
par le Bakou-hou. Au-dessous de ce conseil,
les fonctionnaires ressemblent à ceux qui, chez
les Tokougawa, sont subordonnés aux deux conseils suprêmes ; les finances, la justice, l'armée,
l'administration urbaine et rurale sont organisées comme dans le domaine chôgounal ; en
raison de la moindre importance des fiefs, il y a
moins de complication ; chaque seigneur étant
maître chez lui, les noms diffèrent, le détail des
fonctions diffère aussi ; mais les grandes lignes
sont semblables ; l'organisation du domaine
chôgounal, plus parfaite, s'est imposée à l'imitation ; les ordonnances du Bakou-hou ont prescrit de mettre les lois locales d'accord avec
celles de Édo : les daimyô ont obéi plus ou
moins selon leur indépendance plus ou moins
grande.

Les rapports des daimyô avec le Chôgoun sont
en effet divers ; ils ont été réglés par les lois
de Ihéyasou et par des ordonnances ultérieures ;
mais les ententes intervenues dès l'origine entre
le Chôgoun et ses ennemis posant les armes,
lés privilèges accordés alors ou plus tard, ont
créé pour chaque maison seigneuriale une situa-

tion spéciale propre à entretenir les rivalités
héréditaires. Toutefois on peut reconnaître
diverses grandes classes de daimyô. Les tozama
ont reçu de Ihéyasou cette appellation; ils ne
sont pas vassaux du Chôgoun, mais de l'Empereur; la plupart ont reconnu l'autorité déléguée
à Ihéyasou seulement après la prise d'Ôsaka,
quelques-uns auparavant. Au premier rang parmi eux, sont ceux que l'on appelle du vieux titre
de kokouchou ou kokousi; ceux-ci descendent
des aventuriers du xvi⁰ siècle rivaux de Ihéyasou, quelques-uns, des anciens gouverneurs de
la période impériale; leurs revenus dépassent
cent mille kokou, atteignent pour les Mahéda,
daimyô de Kaga, un million vingt-deux mille
kokou; leurs domaines, embrassant une ou plusieurs provinces, forment des états compacts en
Kyouchou, en Sikokou ainsi qu'au sud-ouest, au
nord-ouest et au nord de la grande île (Honchou).
La liste des kokousi, vrais ou assimilés, n'est
pas bien établie; elle a d'ailleurs varié, portant
dix-huit noms sous Ihéyasou et trente-six en
1862. Le nom de tozama est souvent réservé aux
seigneurs qui, n'étant pas vassaux du Chôgoun,
sont moins importants et moins indépendants
que les kokousi; au nombre de soixante-quinze
en 1862, de soixante-cinq au xvii⁰ siècle, ils sont
répartis dans tout l'Empire. Leurs revenus
varient entre dix mille et cent mille kokou.

Ces seigneurs semi-indépendants ont été tolérés par Ihéyasou; ne pouvant ou n'osant sup-

primer les plus puissants, le Bakou-hou a établi
ou élevé au même rang de kokousi sur leurs
flancs des maisons rivales : Hosokawa de Higo
et Kouroda de Tsikouzen contre le Satsouma,
Ikéda de Bizen et Asano d'Aki contre les Môri ;
contre les Mahéda de Kaga, il a dressé en
Étsizen les Matsoudahira, branche cadette des
Tokougawa. Il a suivi la même politique au
moyen des kamon et des houdai. Ces derniers
sont les vassaux héréditaires des Tokougawa,
ralliés à leur cause avant la prise d'Ôsaka, cer-
tains d'entre eux les suivant depuis le Mikawa ;
ce titre s'applique aussi bien aux hatamoto
qu'aux seigneurs vassaux, souvent on le prend
dans le sens restreint de daimyô houdai. Ihéyasou les a richement dotés et ses successeurs ont
établi un bon nombre de leurs branches cadettes ;
toutefois, du XVIIe siècle à 1862, leur nombre est
tombé de cent soixante-seize à cent quarante et
un. Leurs fiefs sont évalués entre dix mille et
trois cent cinquante mille kokou. Les kamon
sont des branches cadettes de la famille chôgounale, tous portent le nom de Matsoudahira,
l'un des noms patronymiques de la maison ;
ils sont au nombre de seize, dont les revenus
varient de dix mille à deux cent trente mille kokou. Les fiefs des kamon et des houdai coupent
la route aux kokousi du nord, jalonnent le
Tôkaidô qui relie Édo à Kyôto, s'intercalent
entre Kyôto et l'ouest à moitié soumis, tiennent
à Takamatsou du Sanouki, à Nakatsou et Ko-

koura du Bouzen, à Nobéoka du Iliouga les
passages de la mer intérieure.

Plus proches que les kamon de la ligne chôgounale, trois branches portent le nom de Tokougawa; elles sortent de trois fils de Ihéyasou
qui ont été par lui-même investis d'un rang supérieur. Ces seigneurs, dits sanké, sont chefs
des clans d'Owari, de Kii, de Mito évalués à
six cent dix-neuf mille, cinq cent cinquante-
cinq mille et trois cent cinquante mille kokou;
postés respectivement sur le Tôkaidô, à l'entrée
de la mer intérieure et au nord de Édo, ils con-
tribuent à la sûreté de cette ville. Mais le rôle
qui leur est tracé par le testament de leur
ancêtre, est plus politique que militaire; comme
chefs des agnats, ils sont de naissance les conseillers et les soutiens du Chôgoun, charge
réelle au Japon où la famille forme toujours une
communauté. En cas de disparition de la branche aînée, ou de mauvais gouvernement du
Chôgoun, ce sont les branches d'Owari ou de
Kii qui fourniront un héritier; Mito a été investi
du droit d'inviter le Rôdjou à délibérer sur le
remplacement d'un Chôgoun indigne et de pro-
poser à l'Empereur la sanction du nouveau
choix. Ces prérogatives n'ont été exercées que
faute d'héritiers et, aux derniers jours du chôgounat, elles ont mis le Rôdjou en lutte avec
deux des sanké.

A l'égard des seigneurs ses vassaux, le Chôgoun a des droits très étendus dérivant du droit

général du suzerain. Il emploie les houdai dans
les postes militaires et civils interdits aux tozama ; il leur réserve les charges les plus élevées
et les plus délicates ; il exige que ceux qui ne
sont pas en fonctions résident à Édo un an sur
deux, un roulement est établi pour que la ville
soit toujours gardée ; il leur ordonne, quand
lui plaît, de changer de fief pour faire échec au
despotisme et à l'esprit d'indépendance. Il est le
juge naturel des conflits entre sujets de deux
houdai, il est aussi le juge des houdai, que le
Bakou-hou condamne, sur le rapport des inspecteurs, aux arrêts dans leur château ou dans
leur yasiki de Édo, à la retraite anticipée dite
inkyo qui ouvre la succession[1], à un changement ou à une diminution de fief, parfois à la
confiscation avec ou sans transport du fief à une
branche éloignée. Quant aux tozama, ils ne
relèvent en droit que de l'Empereur ; le Chôgoun n'est pour eux que *primus inter pares* ; sa
seule supériorité, venant de la délégation impériale, n'est pas de nature féodale, mais adminis-
trative. Ihéyasou n'oublia pas cette égalité ; il fit
sanctionner par l'Empereur les confiscations de
territoires imposées à ses ennemis vaincus ; les
seigneurs venaient résider à Édo une année sur
deux ; à leur arrivée, le Chôgoun se rendait au
devant d'eux jusqu'au dehors de la ville. Mais,

1. La vie de retraite, ou inkyo, était volontairement em-
brassée par beaucoup de Japonais de toutes classes vers l'âge
de cinquante ans.

Maurice COURANT. 2

le Bakouhou s'affermissant et s'enorgueillissant,
Ihémitsou, petit-fils de Ihéyasou, assimilant les
tozama aux houdai, renonça à cette pratique
courtoise, tout en maintenant l'obligation de résidence alternative (loi de sankin). Ihétsouna,
son successeur, obligea tous les daimyô à laisser
leur famille dans sa capitale comme otages pendant leur absence. Avec le temps la juridiction du
Bakou-hou s'appliqua aux tozam. comme aux
autres, les inspecteurs de Édo surveillèrent également l'administration de presque tous les fiefs.
Mais les tozama, et surtout les kokousi, attachés
au sol par une longue tradition et indépendants
sous réserve des droits impériaux, ne purent
sans l'assentiment impérial être arrachés à leur
fief et à leur clan.

Le gouvernement despotique du Bakou-hou
se limitait lui-même en convoquant et consultant
pour les questions graves des assemblées de seigneurs organisées régulièrement. Ce parlement
féodal était divisé en onze chambres ou ma, dé-
signées par le nom de la salle du Château chôgounal où elles se réunissaient ; les sept premières ne comprenaient que des daimyô classés
non d'après leurs revenus, mais d'après leur situation féodale, chacune d'elles était habituellement composée des chefs des mêmes maisons;
les quatre dernières étaient formées des hatamoto et des employés du Bakou-hou, d'après
leur rang. Chaque chambre formulait son avis
indépendamment des autres, à la majorité des

voix et au poids des influences ; tous les avis
étaient transmis au gouvernement, qui paraît
avoir tenu compte surtout des opinions du Ta-
marinoma (grands houdai au nombre de sept) et
des quatre chambres inférieures. Le contrôle de
l'opinion n'avait qu'un rôle restreint, le Bakou-
hou pouvant altérer la composition des chambres, leur soumettre ou non les questions, né-
gliger les avis, selon son bon plaisir. Dans les
temps troublés comme le milieu du xix° siècle,
ce parlement chôgounal n'a pu manquer d'influer
sur la politique ; en temps normal, ni les assemblées tenues au Château ni l'indépendance locale
des grands clans ne faisaient échec à la puissance des Tokougawa. Un seul homme pouvait
donner des ordres au Chôgoun, une seule classe
sociale s'élevait au dessus du Bakou-hou : c'é-
taient l'Empereur et la Cour.

L'Empereur, par une lignée continue, descend
de la déesse du soleil qui a créé ce que l'Empire renferme de bon ; on l'appelle le dieu terrestre et l'on dit que le soleil et la lune sont son
père et sa mère. Pendant une domination que la
tradition fait plus de deux fois millénaire, la
dynastie solaire a donné naissance à des branches innombrables ; les quatre plus importantes,
Housimi, Arisougawa, Katsoura, Kan-in, ont
droit pour leur chef au titre de sinnô, prince
parent ; à défaut d'héritier direct de l'Empereur,
elles fournissent le fils adoptif, ou l'époux de la
princesse impériale, qui sera appelé au trône et,

par une fiction religieuse et juridique, conti-
nuera la ligne régnante, sans plus d'interruption
qu'entre le fils et le père dont il est issu. Les
cadets de ces cinq branches principales entrent
d'habitude dans des monastères importants ;
avec le titre de monséki, ils y revêtent les hautes
dignités ecclésiastiques. Le reste de la noblesse
impériale porte le nom générique de kougé et
comprend environ cent cinquante familles ;
plus de vingt d'entre elles sont des clans de
Minamoto et de Tahira et, avec quelques autres,
sortent de la famille impériale ; une, les Nisiki-
kôdzi, se rattache au clan de Niwa, qui pré-
tend tirer son origine de la dynastie chinoise
des Han ; les autres représentent les principaux clans qui, avec la maison impériale, remplissent les premiers siècles de l'histoire japonaise et descendent des dieux compagnons
du petit-fils de la déesse solaire, lors de son
établissement sur terre. Une centaine de ces
familles forment le clan de Houdziwara ; parmi
elles les cinq principales, Konoé, Koudjô, Nidjô,
Itsidjô et Takatsoukasa, depuis une dizaine de
siècles, fournissent presque toutes les impéra-
trices et les kwambakou ou maires du Palais.

Le fond de la religion japonaise, en dehors du
bouddhisme, est le double culte des forces de
la nature et des esprits des ancêtres ; ces deux
aspects des puissances supérieures apparaissent
confondus dans l'origine de la famille impériale,
ainsi doublement sacrée pour son peuple. Le

Souverain, divinisé après sa mort, est déjà un
dieu de son vivant. La terre n'est pas digne
d'être foulée par lui, aussi ne marche-t-il pas
hors des salles du Palais. Parfois, il se rend en
palanquin près de son prédécesseur (l'abdication
étant fréquente) pour lui présenter ses respects ;
plus rarement encore, il va offrir un sacrifice au
temple d'un des dieux qui sont ses parents ou
alliés. Dans les salles du Palais, de vastes dais,
de petites chambres ouvertes en avant, dont le
fond, les parois latérales, le toit sont formés
de paravents et de tentures, dont le sol de
nattes épaisses est surélevé de plusieurs pouces :
tels sont les sanctuaires où l'Empereur promène
sa divinité. Là, il vit servi par des femmes qui
composent une hiérarchie pompeuse et sont les
intermédiaires habituels entre lui et le monde
extérieur. Les plus hauts dignitaires de la Cour
l'approchent difficilement. Dans les solennités,
le Fils du Ciel reste au fond de son sanctuaire,
les ministres et les autres kougé se rangent sur
deux files, en ordre hiérarchique, depuis le voisinage du dais jusque dans la cour ; tous se pros-
ternent ; en s'agenouillant ou se relevant, ils
peuvent apercevoir la silhouette immobile de
l'Empereur, dont les sépare une jalousie baissée ;
si l'Empereur parle, il s'adresse à mi-voix au
kwambakou qui répète les paroles à l'assemblée.
Puis nouveau prosternement, tandis que le des-
cendant des dieux rentre dans les appartements
interdits.

Les kougé, fiers de leur noblesse quasi divine, des charges de cour accessibles à eux seuls, des rangs hiérarchiques supérieurs auxquels seuls ils atteignent, regardent de haut les daimyô, les uns plébéiens de race, les autres séparés par de nombreuses générations provinciales de l'éclat rayonnant des Mikado, tous parvenus militaires. Les kougé ont presque tous le second ou troisième rang hiérarchique ; un infime courtisan a droit, de la part d'un daimyô kokouchou, aux marques compliquées d'un respect servile. Le tout puissant Chôgoun obtient au plus dans la hiérarchie la première classe du second rang ; il est primé à la Cour par une demi-douzaine de dignitaires, il n'a pas accès direct près de l'Empereur : aussi depuis le milieu du xviie siècle ne paraît-il pas à Kyôto.

La Cour possède tous les organes d'un gouvernement. Le kwambakou est nommé régent pendant la minorité impériale ; sous ses deux titres, il exerce le même pouvoir, ouvre tous les rapports adressés au Souverain, à son gré les rejette ou les présente. Le Conseil d'État ou Dadjôkwan doit délibérer et décider ; les censeurs doivent instruire l'Empereur des actes de l'administration et des administrés ; les conseillers ou sangi doivent surveiller, discuter, présenter des conclusions ; les huit Ministères doivent étudier les affaires spéciales. Toute cette machine tourne à vide : les scribes écrivent leurs formules, le Ministère des Rites prépare le changement du nom des ères, les envoyés impériaux vont faire les sacrifices en Isé et dans les autres temples, les dignitaires s'assemblent pour les rites du Palais. Mais les faits sont bruts, déréglés : aucun fait ne peut arrêter les regards que l'Empereur et la Cour tiennent fixés sur le cérémonial auguste et immuable ; s'agit-il de donner un titre d'honneur au propre père de l'Empereur, la Cour consulte le Chôgoun : « le gouvernement a été confié au Chôgoun qui est responsable de la condition du peuple, qui règle par ses ordres toutes choses dans l'Empire et n'a pas à solliciter l'assentiment de l'Empereur¹ ».

Ota Nobounaga, prédécesseur au pouvoir du Taikô Hidéyosi, avait trouvé la Cour impuissante, misérable, méprisée des chefs militaires, exposée aux pires outrages ; il rebâtit le Palais en ruines, assura un revenu à l'Empereur et à son entourage, imposa le respect à la noblesse guerrière et, défenseur du Souverain, emprunta pour son propre pouvoir un peu de l'éclat impérial. Ihéyasou acheva d'un art consommé la construction politique de Nobounaga. Il fit régner l'ordre dans le domaine impérial et dans tout l'Empire, traitant toujours le Souverain avec les marques de l'adoration antique, changeant le Palais en un temple inaccessible. Il fournit à l'entretien de la Cour, assez pour ne pas la laisser mourir de faim comme par le passé, trop peu

---

1. Lois 2, 3 et 4 des Dix-huit lois de Ihéyasou.

pour l'exposer aux tentations du désœuvrement
servi par la richesse: le revenu total pour les
Empereurs régnant et retirés, pour les dames
du Palais, les quatre princes du sang, les cinq
branches aînées des Houdziwara et tous les autres
kougé, s'élevait à cent vingt-huit mille kokou,
moins que pour un daimyô de moyenne importance. L'Empereur ne pouvait parfois acheter du
papier pour écrire ses poésies augustes; les
kougé professaient le jeu de balle, l'écriture, la
culture des arbres nains, la cuisine, la poésie,
tous métiers qui ne faisaient pas déroger, tandis
que leurs filles allaient enseigner aux filles des
daimyô les rites et le langage de cour. Toutefois
les revenus réguliers, fournis par des domaines
situés dans les cinq anciennes provinces impériales, dépassaient souvent de beaucoup l'évaluation officielle; ainsi le port d'Itami payait à
la famille Konoé des taxes considérables sur le
saké et sur les jonques. A la différence des fiefs,
les domaines des kougé comportaient, à part les
paysans, un nombre très restreint de serviteurs, n'entraînaient aucune obligation militaire.
Enfin les dépenses extraordinaires de Kyôto,
réfection du Palais après un incendie, cérémonies
du couronnement, des funérailles, étaient sup-
portées par le Bakou-hou, qui parfois distribuait
à l'Empereur et à son entourage des allocations
supplémentaires: Kyôto avait à gagner à la
bonne volonté de Édo.

Comme contre-partie des charges assumées par

eux, les Chôgoun recevaient de l'Empereur la totalité du pouvoir civil et militaire ; en qualité de bettô de Jounnain et de Sôgakouin, ils avaient autorité sur les princes et kougé qui tous étudiaient dans ces deux écoles. Ihéyasou, Hidétada, Ihémitsou, usant de leur prérogative, affichèrent leurs lois dans le Palais impérial (1615, 1626). L'Empereur, médiateur entre le ciel et la terre, ne dut être distrait par rien de terrestre de sa fonction sublime, aussi vit-il mettre des cadenas aux portes de ses appartements privés, il dut s'abstenir de franchir le seuil du Palais pendant tout son règne, sauf pour la visite annuelle à ses prédécesseurs. Il fut interdit aux daimyô, sous peine d'extinction de leur maison, d'entrer à Kyôto, sans autorisation du Chôgoun, fût-ce sur un ordre impérial ; défense fut faite à la noblesse de cour et à la noblesse militaire de s'allier par mariage ou par adoption, même de procéder à des pourparlers préliminaires, sans permission expresse du Bakou-hou. Il était superflu de détourner du maniement des armes les kougé qui y avaient renoncé depuis plusieurs siècles. Prévenir valant mieux que châtier, des hatamoto furent mis par le Bakou-hou dans le Palais même : les kinritsouké, préfets du Palais, eurent à faire observer l'heure du couvre-feu, à ordonnancer toute dépense de la Cour, à vérifier les comptes mensuels de la table impériale. Ces fonctionnaires avaient des subordonnés, hatamoto comme eux-mêmes, et dépendaient du chosidai. Ce dernier présidait à la garde du Palais et traitait pour le Bakou-hou toutes les questions politiques, par l'intermédiaire des deux tensô, censeurs de la Cour, pensionnés par le chôgounat et seuls chargés de transmettre les suppliques et rapports.

L'Empereur ne gardait qu'un pouvoir, celui de conférer les grades ; les degrés de la hiérarchie officielle, les noms de seigneur, kami, de tel office ou de telle localité, les titres du Chôgoun et les noms posthumes de ses ancêtres, toutes ces formules creuses qui distinguaient entre eux et du peuple les nobles militaires et les courtisans, étaient distribuées par les bureaux de la Cour, sur la proposition du Chôgoun pour les uns, du kwambakou pour les autres : les maîtres des provinces ne se lassaient pas de désirer les parchemins de Kyôto. L'Empereur ne conservait qu'une force, le dogme incontesté de sa nature divine, de son droit intact et intangible au rang suprême : la vénération s'accrut du mystère où l'enveloppa la politique chôgounale.

L'Empereur avec ses kougé, le Chôgoun avec la féodalité militaire, sont les deux seules puissances présentes au Japon depuis le xvii° siècle. Les influences étrangères ont semblé redoutables, elles ont été supprimées. Hidéyosi d'abord, puis Ihéyasou et Ihémitsou ont chassé les Européens, marchands et missionnaires, défendu sous peine de mort aux Japonais de voyager à l'étranger, massacré ceux qui n'ont pas apostasié de la « religion perverse », réduit le tonnage des jonques pour les rendre incapables d'affronter la mer, coupé court au mouvement d'expansion qui avait marqué la fin du xvi° siècle et le début du xvii°. La Cour n'a guère plus de connaissances ou d'idées politiques sur ces questions que sur les autres; toutefois dès le début (1560), elle voit dans la religion des barbares une atteinte à la majesté sacrée. Le Bakou-hou n'est donc pas gêné pour suivre sans déviation la ligne de conduite tracée par le premier des Tokougawa. Pendant plus de deux siècles, le Japon est aussi strictement fermé qu'un pays le puisse être. Mais quelques Chinois sont admis à Nagasaki sous une sévère surveillance; des Hollandais, moins nombreux encore, soumis à des conditions humiliantes et onéreuses, sont tolérés dans l'îlot de Désima. Par ce jour laissé sur l'étranger, les idées nouvelles vont filtrer inaperçues; plus tard elles emporteront la féodalité.

Avant que soit venue cette heure qui a tardé deux siècles, le gouvernement du Bakou-hou a fait goûter au Japon une paix dont il n'avait jamais joui, que jamais pays n'a connue si durable. A la faveur du calme intérieur et extérieur, l'art et les élégances de la vie ont atteint un rare degré de raffinement, le commerce intérieur s'est développé et a inventé à Édo, surtout à Ōsaka,

des méthodes perfectionnées; la justice a été
rendue avec équité sous des lois systématiques
« d'une casuistique singulièrement riche et
déliée »; l'administration, usant de procé-
dures précises, adéquates à leur but, a tra-
vaillé, selon son essence, à l'unification de
l'Empire. Il y avait même opposition entre le
caractère moderne et unitaire du gouvernement
chôgounal et sa base patriarcale et féodale;
indiscutés au centre, les ordres du Bakou-
hou comptaient pour peu dans les fiefs du
nord et de l'ouest. De là, un manque d'harmo-
nie perçu à intervalles, plus nettement senti
à mesure qu'on s'éloignait de l'impulsion ini-
tiale. Ihéyasou avait voulu fixer l'aristocratie
japonaise dans un moment de son évolution;
dans les loisirs que le fondateur léguait à ses
descendants, dans l'inaction que le Bakou-hou
imposait aux daimyô, les guerriers, les hommes
d'état du début restèrent sans successeurs; le
pouvoir tomba d'abord aux mains du Rôdjou et
des karô, puis, par une chute naturelle, il
échappa souvent aux karô qui s'efféminaient, et
fut recueilli par les kérai. Ainsi l'autorité réelle
fut tenue par des subalternes multiples, qui
agissaient pour des princes fainéants considérés
comme premiers responsables, fiction qui brouilla
les idées de moralité publique et accrut le
malaise social, traînant comme conséquence
le luxe et les dettes des uns, la corruption
et les collusions chez les autres, la lenteur indé-

finie de la justice et l'inexactitude administra-
tive. En même temps que les daimyô s'appau-
vrissaient en empruntant aux marchands, le
peuple devenait misérable, moins peut-être par
le poids des impôts qu'il supportait seul pour
nourrir une aristocratie au rôle bien réduit dans
la paix générale, que par l'état du commerce
extérieur rigoureusement interdit à tous, autorisé à Nagasaki pour quelques marchands, toléré
dans la même région pour des fraudeurs diffi-
ciles à saisir : des affaires avec l'étranger, il
subsistait juste assez pour drainer du pays l'or
qui achetait des produits de luxe, mais de beaucoup trop peu pour former des échanges profitables, un marché sain. Dans cette situation
paradoxale, des crises économiques et financières, des soulèvements agraires se succédèrent
dès le début du xviiie siècle, plus de vingt fa-
mines exercèrent leurs ravages en cent cinquante
ans ; la population, depuis 1721, resta station-
naire ou diminua. Dernière menace au système
d'isolement, dans leur marche vers la mer libre
les Russes parurent sur les côtes avant la fin du
xviiie siècle et tentèrent, même par la force, de
nouer des relations ; les Anglais se montrèrent à
Mito en 1824.

Une grave transformation dans les idées se
produisait en même temps : la notion de la suprématie impériale, voilée au xvie siècle, s'éclaircit
sous la paix des Tokougawa. Les luttes des xive,
xve et xvie siècles avaient fait retomber la nation

dans une demi-barbarie, d'où toute science
avait disparu ; Ihéyasou protégea les érudits et
rassembla des livres anciens ; il fut imité par ses
descendants et par les daimyô. Un lettré célèbre
fut toujours attaché au gouvernement de Édo
pour donner des avis ; des bibliothèques, des
collèges, des écoles annexées presque à chaque
bonzerie, s'élevèrent dans tous les grands fiefs.
Parmi ceux-ci, Mito fut au premier rang. Mitsoukouni (1628-1700), petit-fils de Ihéyasou et second
seigneur de ce clan, s'entoura de savants et consacra une partie de ses revenus à des recherches
et à des publications érudites ; le plus important
des ouvrages composés sous sa direction, est la
grande histoire du Japon où il s'inspira des
modèles chinois. Dans l'épitaphe que ce prince
composa pour lui-même, il dit : « Dès sa jeunesse, ce lettré décida d'écrire l'histoire, il
commença par rechercher les vieux livres et les
anciens documents. Tout fut lu avec soin : le but
était de réunir des faits et d'exclure tout ce qui
était douteux. Ce lettré prit parti pour la lignée
impériale. » Ainsi l'étude de l'antiquité amenait
un Tokougawa à reconnaître le droit suprême
des Tennô dans l'Empire. Mitsoukouni, en 1665,
appela un lettré chinois du Tche-kiang, Tchou
Choen-choei (Chou Choun-soui) qui, ne voulant
pas se soumettre aux Mantchous, errait depuis
quinze ans à travers mille aventures, entre
Tcheou-chan, l'Annam et Nagasaki ; il le traita
« en ami, en conseiller, en secrétaire, en père »

et soumit à sa direction les travaux qui l'occupaient avec sa cour d'érudits. Après la mort de
Chou Choun-soui (1682), le seigneur de Mito
accueillit un autre réfugié chinois, le bonze Sin-
yué (Sin-étsou) qui mourut en 1695; il aurait
voulu attirer encore un autre lettré, Tchao Fei-
oen (Tcho Hi-boun), mais le Bakou-hou ne le lui
permit pas. Cependant, vers la même époque,
plusieurs lettrés des provinces littorales chinoises
se réfugiaient de même au Japon et résidaient en
Owari, à Nagasaki, à Édo. Les enseignements de
ces Chinois loyalistes donnèrent une vive impulsion aux études chinoises, déjà en faveur depuis
le début du siècle : dans le naufrage de la science
japonaise, c'est en effet vers la Chine, l'initiatrice
intellectuelle sur les bords du Pacifique, que
naturellement s'étaient tournés la plupart des
hommes désireux de relever les connaissances
morales et littéraires. Tchou Hi et Wang Yang-
ming, deux philosophes, l'un du xiie, l'autre du
xvie siècle, exercèrent surtout une grande influence ; ils furent étudiés, commentés par les
kangakoucha, sinologues, à Édo, Mito, Kagosima, Nagasaki, dans des leçons publiques ou
privées, dans des livres, dont quelques-uns ont
survécu. Des écoles rivales naquirent et leur
ardeur fut telle qu'à la fin du xviiie siècle, pour
apaiser les querelles, le Chôgoun Ihénari interdit
tout enseignement philosophique non conforme
à la doctrine de Tchou Hi. La morale politique
des sages chinois s'appliquait sans effort à l'état

actuel du Japon ; elle a été formulée à une
époque où l'Empire était divisé en seigneuries
féodales, où l'autorité du Fils du Ciel était souvent bafouée, où parfois un seigneur s'attribuait
le pouvoir et parlait au nom de l'Empereur ; elle
prescrivait le respect de soi-même, la piété
filiale, la fidélité au Souverain. Ces leçons furent
comprises des fiers samourahi ; elles codifiaient
le dévouement chevaleresque des anciennes
guerres, elles servirent dès lors de base à l'éducation et coulèrent les générations successives
dans un moule chinois antique pendant deux
siècles et demi. Cette morale implique un conflit possible de devoirs entre la fidélité au seigneur direct et la fidélité au Souverain suprême ;
dans le Japon du xviie siècle, le conflit n'existait
pas, en raison de la délégation impériale donnée au Chôgoun ; mais pour qu'il naquît dans
les consciences, il suffisait que l'attention se
portât sur les conditions de cette délégation
devenue une simple formalité. Alors surgissait
la question de la légitimité, des droits du pouvoir légitime : Tchou Hi même donnait la
réponse, en combattant sans se lasser pour la
légitimité dans son œuvre historique ; les réfugiés chinois du xviie siècle, par leur exil volontaire, laissèrent eux aussi un exemple de loyalisme à l'égard de la légitimité. Ces conséquences
de la morale chinoise ne furent aperçues ni
par les premiers Chôgoun, ni par la plupart
des élèves des kangakoucha ; cependant déjà

Mitsoukouni déclara nettement son loyalisme pour l'Empereur et, comme la maison de Mito, celle d'Owari fut fortement imbue d'impérialisme. Mais les études chinoises étaient consacrées par la tradition et personne dans le Bakouhou ne soupçonna le danger.

Peu à peu les coutumes chinoises devinrent l'objet d'une imitation servile ; elles furent acceptées sans discussion, comme règles de la vie privée et publique ; un kangakoucha du xviii° siècle, Ogihou Sorai, se nommait lui-même un « barbare oriental ». Par une réaction naturelle, des érudits revinrent à l'étude des antiquités nationales. Déjà l'histoire du Japon du seigneur de Mito est un signe de cette direction d'esprit ; mais, bien que l'on puisse à cette époque citer des noms distingués, le premier des savants nationaux, wagakoucha, qui ait eu un rôle important, Kamo Maboutsi, ne commença de jouir d'une réputation étendue que vers 1740. Après lui, Motoori Noringa (1730-1801), puis Hirata Atsoutané (1776-1843) poursuivirent avec un enthousiasme, une profondeur, une subtilité admirables l'étude des anciens documents japonais. Ils eurent des centaines d'élèves ; à Kyôto, pendant de brefs séjours, les kougé et les princes recherchèrent leurs leçons. Par l'étude des anciennes poésies et des anciennes histoires écrites dans une langue presque oubliée et qu'ils ressuscitèrent, ils pénétrèrent dans la connaissance de la société ancienne et conçurent le projet de rétablir l'ancienne religion qu'obscurcissaient les superstitions bouddhistes et confucianistes. Le Japon a été créé et est spécialement gouverné par les dieux ; à la tête de ceux-ci, se trouve la déesse du soleil, dont les Empereurs descendent par une lignée ininterrompue ; les Japonais naissent donc avec une disposition naturelle à la perfection, ils n'ont besoin pour se conduire d'aucun de ces systèmes de morale qui sont nécessaires à l'humanité corrompue ; la vraie « voie » a été suivie dans l'antiquité, avant l'introduction des idées chinoises, alors que l'Empereur connaissait directement son peuple. Ainsi l'école des wagakoucha retrouvait le Tennô comme seul centre et origine unique de l'Empire, tandis que le Bakou-hou, représentant de la féodalité, inconscient, les laissait répandre leur doctrine. En 1836, un ouvrage de Hirata ouvrit les yeux du gouvernement qui en ordonna la suppression, l'auteur même fut banni peu après (1840) avec défense de rien publier désormais. Il était bien tard pour sévir après un siècle de propagande sans contrainte.

Tout le travail de la pensée japonaise pendant deux siècles aboutissait à établir le droit supérieur du Mikado ; cette conception théorique était, par les historiens comme par les philosophes, exposée publiquement même à Édo ; tous les clans en étaient pénétrés ; Kyôto en avait par deux fois accueilli les représentants. Pour passer à l'acte, il fallait à cette idée mouvoir une force : la force sommeillait chez les seigneurs kokouchou du sud-ouest.

Parmi ces principautés semi-indépendantes, le Satsouma occupait une place à part. Un golfe très profond au milieu duquel s'élève jusqu'à douze cents mètres un volcan, Sakourazima, sur la terre ferme des montagnes volcaniques et boisées coupées de torrents, au nord une rivière à vallée étroite, tel est le pays ; fertile cependant grâce au climat, située à l'extrémité sud-ouest de Kyouchou, tournée vers la Chine et vers Formose, cette seigneurie a toujours mené une vie séparée ; les habitants descendent de tribus qui ont été parmi les dernières à accepter la suprématie et la civilisation du Japon central ; ils sont braves guerriers, hardis navigateurs, évidemment présents parmi les aventuriers qui, de cette côte sud-ouest, vont sous les Ming piller les côtes de Chine, au xvi° siècle commercer et batailler jusqu'en Indo-Chine. Les seigneurs de Satsouma, les Simadzou, gouvernent leur fief depuis le xii° siècle. Pendant plusieurs siècles occupés de querelles de famille, ils ne prirent aucune part aux affaires générales du Japon, échappant aussi bien aux attaques des Mongols qu'aux grandes guerres féodales ; le clan vécut ainsi sur lui-même, renforçant ce sentiment de patriotisme local qui a fait dire qu'un homme de Satsouma est d'abord de Satsouma et ensuite japonais. Tout d'un coup, dans la seconde moitié du xvi° siècle, le

chef des Simadzou, Takahisa, annexe la province voisine d'Ôsoumi ; lui-même, puis son fils
s'attaquent ensuite à la barrière de grands fiefs
qui les sépare du reste du Japon, les Itô de
Hiouga, les Ôtomo de Boungo, les Ryouzôzi de
Hizen ; en 1585, il est maître de l'ile presque
entière et ses ennemis, menacés d'anéantissement, implorent le secours du Taikô Hidéyosi.
Celui-ci, avec les force de la moitié de l'Empire,
écrase les Simadzou ; mais, loin de détruire le
clan dont il a mesuré le courage et la puissance,
il lui laisse le Satsouma, l'Ôsoumi, la moitié du
Hiouga et en fait, en Kyouchou, le défenseur
de l'autorité impériale. Avant l'expédition de
Hidéyosi, le Satsouma n'avait pas vu l'ennemi
sur son territoire. A Sékigahara (1600), le
seigneur de Satsouma combat contre Ihéyasou,
est battu avec les coalisés, se réfugie dans sa
province ; son prédécesseur sort de sa retraite,
l'emprisonne, obtient du vainqueur la grâce du
rebelle et de tout le clan, tandis que la seigneurie passe à l'héritier légitime. Fidèle aux ressen-
timents du clan, le nouveau seigneur ne prit
pas part à l'attaque de Ihéyasou contre le
château d'Ôsaka ; mais politique, il fut le premier à s'établir à Édo avec sa famille (1615) et
y gagna pour son fief l'exemption de presta-
tions. Deux fois battu, trois fois ménagé à cause
de sa force, le clan gardait encore au XIXe siècle
le souvenir des humiliations infligées par les gens
du nord.

Dans les remaniements de la fin du xvi⁰ siècle et du début du xvii⁰, nombre d'anciennes
familles seigneuriales s'étaient éteintes, avaient
été transférées dans des fiefs lointains ou n'a-
vaient gardé qu'une puissance diminuée ; les
Ôtomo, les Ryouzôzi, les Tchôsokabé de Tosa,
n'existaient plus, étaient remplacés par de nouveaux venus ; les Môri, réduits au Nagato et au
Souô, avaient perdu leur province d'origine.
Seuls les Simadzou, plus grands qu'au milieu
du xvi⁰ siècle, soumettaient encore les îles Ryoukyou (1609), incorporaient les plus septentrio-
nales à leur fief, établissaient un résident auprès
du roi (1610), gardaient le droit au commerce
de haute mer après l'édit de 1636, en même
temps que presque seuls ils conservaient leur
territoire et le temple de leurs ancêtres. De là,
une situation économique favorable aussi bien
pour le trésor du fief que pour les sujets ;
de là, une ouverture sur l'étranger qui excite
la curiosité et maintient l'esprit d'entreprise ;
de là, une exaltation de fidélité envers les
chefs du clan, qui sont l'essence de la patrie.
L'organisation sociale sépare aussi le Satsouma
du Japon du nord. Les samourahi y sont en
partie cultivateurs et vivent sur leurs terres, avec
leurs serviteurs, la distance est moins grande
qu'ailleurs entre le peuple et la petite noblesse,
qui reste en contact avec le sol, garde la force
des races terriennes et reste fidèle à la simplicité
antique. Il y a donc en Satsouma plus de bien-

être répandu et moins de luxe accumulé, moins de raffinement et d'élégance ; non pas que l'industrie et l'art soient absents, les faïences et les kasouri de coton sont exportés dans tout l'Empire. L'instruction est, sous le régime des Tokougawa, l'une des préoccupations des Simadzou, qui fondent à Kagosima, leur capitale, quatre grandes écoles pour l'étude du chinois, de l'art militaire, de la médecine. L'éducation reste plus conforme aux vieux principes des samourahi : très jeune, l'enfant est habitué à se dominer, à présenter aux parents, aux maîtres un visage toujours souriant ; il apprend avec le décorum extérieur la dignité morale ; il accoutume son corps aux intempéries, à la fatigue ; il s'exerce à l'escrime, à la lutte. Dans ces volumes où les estampes tiennent plus de place que le texte et qui servent de livres de chevet à toute la famille, les mères, les enfants trouvent toujours les règles et les exemples de la politesse, de l'oubli de soi-même, du dévouement au seigneur ; l'histoire et la philosophie chinoise sont, à l'école, le commentaire de cette morale. En Satsouma, le bouddhisme amollissant est peu prisé ; des bonzes ont joué un rôle louche lors de l'invasion de Hidéyosi, leur religion ne s'en est pas relevée ; la religion étrangère prêchée par saint François-Xavier lui-même, a fait des prosélytes nombreux dans le reste de Kyouchou, en Hizen et en Boungo, mais elle n'a pas prospéré sur le sol dur de Satsouma.

Le temple le plus fréquenté par tous est celui
des ancêtres des Simadzou : les simples samourahi y vont chercher des oracles. Toutes les forces
morales sont dressées par le confucianisme,
et ce que l'on voit dans le confucianisme, c'est
un dévouement exalté au sol du pays, au seigneur, dont l'immémoriale communauté de re-
vers, de gloire, de fortune, a fait l'expression
suprême de la patrie.

Dans l'atonie qui gagne l'Empire, les samourahi de Satsouma gardent leur ressort, leur
union : c'est parmi eux que va naître Ôkoubo Tosimitsi, l'homme qui a le plus contribué à ruiner
l'œuvre de Ihéyasou et qui a le mieux su em-
ployer, pour réédifier, les matériaux existants.

II

L'enfance et la jeunesse (1830-1858).

Ôkoubo Tosimitsi naquit le 26 septembre 1830, à Kagosima, capitale du Satsouma. Ziouémon, son père, était d'une famille de samourahi, kérai de la maison de Simadzou; des ancêtres de Ziouémon, on ne sait rien; lui-même était un homme droit et dévoué aux idées impérialistes. Il avait épousé Tomiko, fille de Minayosi Hôtokou, médecin réputé de la ville.

Les médecins ont joué un rôle important dans l'introduction des idées occidentales; dès la première moitié du xvii° siècle, plusieurs médecins japonais, frappés des cures obtenues par leurs confrères portugais et hollandais dans les hôpitaux étrangers, apprirent les principes de la science européenne; Nisi, interprète près des Portugais, puis près des Hollandais, fonda même une école de chirurgie et vers 1660 fut nommé chirurgien du Chôgoun. Les facilités pour l'étude étaient bien moindres depuis les lois contre les étrangers. Seuls les interprètes approchaient facilement les Hollandais, soit à Nagasaki, soit lors du voyage annuel à Édo; ils pouvaient ame-

ner près d'eux leurs amis ; mais il était défendu
à quiconque d'étudier le hollandais, sinon orale-
ment ; on notait en caractères japonais les ré-
ponses des étrangers : il faut connaître la
langue japonaise pour sentir l'imperfection
d'une pareille transcription. C'est seulement dans
la première moitié du xviiie siècle que les interprètes officiels de Nagasaki obtinrent l'autorisation de se servir des caractères latins ; encore
vers la même époque, la publication d'un ouvrage
d'histoire naturelle fut suspendue, parce qu'il
renfermait l'alphabet hollandais. Cependant les
médecins se rendaient compte de leur infériorité ;
trois d'entre eux, Sougita, Mahéda, Nakagawa,
qui vivaient à Édo vers 1770, alors que la méfiance
du Bakou-hou déclinait, obtinrent d'un seigneur
qu'il achetât pour eux à prix d'or plusieurs traités d'anatomie en hollandais ; ils savaient de
cette langue quelques substantifs et l'alphabet,
mais ignoraient tout ce qui est articles, conjonc-
tions, mots de liaison ; en une journée, après
plusieurs semaines d'exercice, ils parvinrent à
comprendre en gros une dizaine de lignes ; ils
voulaient disséquer et contrôler ainsi les plan-
ches de leurs livres, ils durent s'entendre avec
les bouchers et les bourreaux, classes également
impures. Avec ce zèle et cette persévérance
inouïs que l'on rencontre parfois au Japon, Sougita composa un traité d'anatomie en japonais ;
il le publia, risquant d'être emprisonné par ordre
du Bakou-hou, et réussit à le faire présenter au

Chôgoun en 1774 ; en 1805, il fut même reçu en
audience au Château. C'est par ce canal étroit que
la science hollandaise, c'est-à-dire européenne,
commença de s'infiltrer dans les familles de médecins et d'interprètes, avant de donner naissance à une école moins renommée, mais finalement non moins influente que celles des
kangakoucha et des wagakoucha.

Minayosi rencontra moins de difficultés que
ses prédécesseurs pour satisfaire son goût de la
science ; il étudia à Nagasaki, puis à Édo où il
resta plus de dix ans ; en même temps qu'il
apprenait le hollandais et la médecine, il recueil-
lait des informations sur les pays étrangers, sur
les relations internationales, sur la navigation.
De retour à Kagosima, il s'intéressa au développement du commerce extérieur : il consacra
ses loisirs et une partie de ses économies à faire
construire, sur ses propres plans, un navire de
haute mer de modèle européen, qu'il employa
à la navigation des îles méridionales ; il avait le
projet de former toute une flotte de bateaux de
commerce du même type. Les encouragements
du clan ne lui firent pas défaut : toutefois
ce bâtiment paraît être demeuré unique.

La principauté était alors dirigée moins par
les seigneurs régnants, Narinobou et Narioki,
que par Sigétaka, leur prédécesseur, qui avait
abdiqué en 1809 et avait adopté la vie bouddhique
sous le nom de Éiô ; ce prince, bien qu'influent
au Château de Édo où sa fille était devenue

l'épouse du Chôgoun Ihénari (1773), avait des
vues plus vastes que le Bakou-hou ; il avait
étudié tous les produits de l'Empire et souhaitait
d'enrichir le pays par le commerce extérieur ;
il avait établi un plan de relations commerciales
avec l'Inde, l'Annam, la Chine et la Corée.
Malgré son intelligence, il n'avait pas su administrer sagement son fief : vers 1815, on devait
aux marchands de Édo, d'Ôsaka, de Kyôto et
de Kagosima une somme correspondant à plus
de cinq millions de yens, les appointements des
fonctionnaires étaient en retard de plus d'une
année, les résidences seigneuriales de Édo et
des environs, de Nikkwô, de Kyôto, de Housimi
menaçaient ruine et l'on n'avait pas de quoi
payer les voyages du seigneur entre Édo et le
Satsouma. Cette situation déplorable se prolon-
gea cependant plusieurs années, lorsqu'en 1830,
le vieux prince Sigétaka sut choisir un homme
remarquable, auquel il remit pour dix ans la
direction financière du fief. Ce ministre, Joùcho
Chôzaémon, par une surveillance incessante, mul-
tiplia la production du territoire ; il tira surtout
de gros revenus des sucres de Misima ; il consacra chaque année trois mois à se rendre
jusqu'à Édo pour y régler les affaires financières
du Satsouma ; quand il eut rempli le trésor seigneurial, il employa une part des recettes à
encourager l'agriculture, établir des routes,
bâtir des ponts, approfondir les rivières et les
ports, construire des bateaux qui firent le cabo-

tage sur les côtes du fief et transportèrent les denrées depuis les îles Ryoukyou jusqu'à Òsaka ; aux Ryoukyou, il commerça avec les Chinois. Elargissant son rôle avec ses ressources, il prévoyait que ses jonques transporteraient soldats, armes et munitions ; il construisait des forteresses, remplissait les arsenaux de canons et de fusils imités de modèles étrangers ; il rompait même avec les formations tactiques japonaises et faisait exercer les hommes à l'européenne ; il avait compris, comme le vieux prince Sigétaka, que l'isolement du Japon était passé. Quand il mourut en pleine activité à soixante-treize ans (1848), il laissait les arsenaux en état, le trésor rempli, le Satsouma prêt à jouer un rôle dans l'Empire.

Par son grand-père Minayosi, par son père qui avait une petite charge officielle, le jeune Òkoubo, dès son enfance, entendit parler de ce qui agitait alors le Satsouma, la situation de la Cour, les tentatives des étrangers, la transformation commerciale et militaire devenue nécessaire. Il était d'une intelligence vive et enjouée, d'un caractère résolu, indépendant, emporté ; l'éducation sérieuse qu'il reçut, tempéra la fougue extérieure, en laissant subsister la résolution froide. De bonne heure il eut le culte de l'autorité impériale ; avec ses camarades, Naganouma Kahéé, esprit et cœur d'élite, mort jeune, et Saigò Takamori, un voisin plus âgé de trois ans, d'extérieur lourd, dont le rôle a

été étrangement mêlé à celui d'Ôkoubo, avec
d'autres encore, la grande distraction était de
jouer à la « ligue impériale »; toujours Kôtô
(c'est un surnom porté par Ôkoubo) était chef
des impérialistes. En grandissant, ces trois
jeunes gens nouèrent une amitié solide qui les
tint un peu à part, si bien qu'on les surnomma
les trois excentriques. Toutefois ils se lièrent
avec plusieurs de leurs contemporains; la plupart se retrouvaient à la principale école de
Kagosima avec Kôtô qui, sans sacrifier les
exercices corporels des samourahi, poussa plus
loin qu'il n'était d'usage, l'étude de la littérature
et de la philosophie chinoises. Sur tous ses
camarades il exerçait une influence par sa
droiture, sa fermeté, son savoir. Kôtô, Saigô
et Naganouma prirent l'habitude de se réunir
le soir à jour fixe chez un ami, Kaiéda Nobou-
yosi; en buvant du thé, on causait, on lisait
ensemble; avec le zèle de la jeunesse, on avait
solennellement promis de ne pas manquer les
réunions, de se reprocher mutuellement toute
inexactitude. Les amis étudièrent d'abord le
Kinsirokou (Kin seu lou) de Chousi (Tchou-
tseu); bientôt Kôtô les entraîna aux leçons
de Itô Moémon, qui exposait la philosophie
de Ô Yô-méi (Wang Yang-ming) et qui leur
commenta le Denchourokou (Tchhoan si lou).
Chousi, esclave de la tradition, partisan de la
réalité objective, ne les attacha pas; mais la
théorie de Ô Yô-méi, idéaliste et touchant au

stoïcisme, les enthousiasma. La place éminente donnée à la culture morale du moi et de la volonté cadrait avec la doctrine de la secte Zen, parmi les adhérents de laquelle étaient inscrites les familles Òkoubo et Saigò; elle plaisait à des jeunes gens épris de grandes actions. Enfin Ò Yò-méi était condamné par le Bakou-hou comme hétérodoxe, ce qui ajoutait aux leçons un parfum de conspiration. On ne manquait pas aux réunions des jeunes gens de discuter les événements du jour; bientôt la politique fit dans leur vie une entrée tragique et dissipa les rêves dorés, les théories désintéressées.

Dans l'hiver de 1849-1850, Kòtò et Saigò manquèrent plusieurs fois les réunions; leurs amis les réprimandèrent, mais ils n'obtenaient qu'un aveu de culpabilité avec de vagues excuses; au prochain jour fixé, ils attendaient vainement les retardataires. La discorde faillit se mettre dans le petit cénacle, quand les deux coupables se décidèrent à parler. Aussi bien les faits allaient être publics. Le seigneur avait formé le projet de laisser son fief à son troisième fils Hisamitsou au détriment de Nariaki, son fils aîné, héritier désigné presque depuis le jour de sa naissance (1809); il avait obtenu l'assentiment de ses principaux conseillers. Un parti légitimiste s'était formé autour de Takasaki Gorôouémon. Le prince était furieux de cette opposition à ses projets. Bientôt, conformément au code d'honneur des samourahi, une dizaine des chefs oppo-

sants, ayant encouru le déplaisir du maître, se
donnèrent la mort ; plusieurs furent bannis,
d'autres mis aux arrêts. Kôtô et Saigô Takamori,
trop jeunes, n'avaient pas été invités aux colloques de l'opposition ; mais Takamori avec
son père avait assisté au harakiri d'Akayama,
avait reçu de suprêmes recommandations de
loyalisme et gardait pieusement une chemise
trempée du sang de la victime ; Ôkoubo Ziouémon, plus compromis, fut interné à Kikaizima,
l'une des îles Ryoukyou. Kôtô, depuis deux ou
trois ans, avait, grâce à sa science et à son
caractère, obtenu aux archives seigneuriales un
poste de secrétaire, qui lui permettait d'approcher le prince ; il fut naturellement destitué, sa
famille restait presque sans ressources, et c'est
à lui qu'il incombait d'entretenir sa mère et ses
sœurs, aussi bien que de faire passer à son père
quelques objets de première nécessité. Dans cette
épreuve, Kôtô se rendait chaque matin au temple
de Daitchou consacré à Simadzou Takahisa, le
restaurateur du Satsouma, et priait pour la santé
et pour la carrière de son père. Saigô Takamori,
qui depuis l'âge de quinze ans était commis-adjoint
de l'administration des districts, fut également
destitué. Les deux amis souhaitaient ardemment
le triomphe des légitimistes et la chute des mauvais conseillers. Ôkoubo voyait qu'il n'y avait
rien à faire pour l'instant ; il ne s'ouvrait de ses
vœux qu'à Saigô ; celui-ci, tout de premier mouvement, complota avec Kaiéda de tuer deux ou trois

des conseillers et réussit à introduire un serviteur de sa famille comme jardinier chez l'un
d'eux; le plan avorta sans être découvert. Toutefois, l'héritier présomptif, Nariaki, ayant eu
vent de l'affaire, fit donner une semonce par un
de ses pages aux conspirateurs qui restèrent
tranquilles.

L'exil et la mort de tant de samourahi distingués remuèrent profondément Kagosima et tout
le Satsouma : « l'abattement se peignit sur les
visages, les femmes mêmes exprimèrent leurs
sentiments; les hommes se réunissaient sur le
Tempòzan et portaient la main à la poignée de
leurs sabres ». Quelques membres de l'opposition se réfugièrent près de Kouroda Narihiro,
seigneur de Tsikouzen et oncle du seigneur de
Satsouma : il avait secrètement encouragé les
légitimistes. D'autres cherchèrent asile à Mito.
Ainsi le mouvement s'étendait à d'autres fiefs;
à Mito surtout, il rencontrait des sympathies,
un terrain tout prêt. Quelques années plus tôt
(1829), à la mort du précédent seigneur, qui
ne laissait pas de fils, quelques karò, redou-
tant la clairvoyance et l'énergie de son frère
cadet Nariaki, intriguèrent à Édo pour que la
succession fût dévolue par mesure spéciale à un
fils du Chògoun; d'autres karò protestèrent et
le Bakou-hou résista à ces suggestions; cette
cause de dissensions s'ajoutait à la rivalité de
deux écoles philosophiques, celles de Tatsiwara
et de Houdzita inégalement loyalistes. Le nou-

veau seigneur de Mito avait réussi quelques
années à calmer les esprits ; la résolution avec
laquelle il fortifia les côtes, fondit en canons les
cloches des bonzeries, lorsqu'en 1842 le Bakou-
hou redouta les incursions russes, troubla la
nonchalance de ses principaux karô et inquiéta
le Rôdjou même, qui bientôt saisit un prétexte
pour le mettre aux arrêts dans un de ses yasiki ;
ses principaux conseillers subirent une même
condamnation ; l'un d'eux, Houdzita Torano-
soukó, fils du philosophe Houdzita et déjà connu
pour ses opinions morales et politiques, s'illus-
tra par la fermeté de son attitude ; il fut dès
lors pour le Japon entier le chef, le théoricien
du parti impérialiste et progressiste. Le seigneur de Mito partageait les idées de son fidèle
conseiller : au loyalisme envers l'Empereur qui
était de tradition dans le clan, ils joignaient une
conscience claire de l'affaiblissement de la féodalité et une vue pénétrante, bien qu'incomplète, du développement scientifique et indus-
triel de l'Europe ; ils voulaient retremper la
féodalité en la rapprochant de la Cour et mettre
ainsi l'Empire en mesure d'affronter dignement
des relations extérieures nouvelles. Ce plan
d' « union des deux noblesses » parut révolutionnaire au Rôdjou de 1844 ; une connaissance plus
approfondie des événements de Chine modifia les
idées du Bakou-hou, qui, trois ans plus tard,
gracia Nariaki de Mito et ses serviteurs ; ceux-ci
reprirent dans le clan une position prépondé-

rante, bien que contestée par les opposants ;
toutefois le chef du clan demeura Yosiatsou, qui
avait succédé à son père dès 1844.

Le seigneur de Mito sympathisait naturellement avec Simadzou Nariaki, héritier légitime,
que des karô ambitieux tentaient d'écarter du
fief ; l'un et l'autre avaient les mêmes vues
politiques. Né à Édo, le seigneur héritier de
Satsouma avait reçu les enseignements de son
grand-père Sigétaka déjà retiré du pouvoir ;
il avait fréquenté, dans la capitale chôgounale,
les principaux daimyô et tout ce que le pays
comptait alors de célébrités, principalement les
adeptes des sciences européennes. D'une intelligence très vive, d'une curiosité éveillée, il avait
appris à parler, même à écrire le hollandais,
il avait étudié la physique et possédait des
notions précises sur la photographie, le télégraphe électrique, les filatures, les machines à
vapeur, la navigation et l'art militaire ; il avait
compris aussi la menace muette des croisières
européennes et il avait médité la leçon de la
guerre anglo-chinoise. Lorsque plus tard il fut à
la tête de son clan, il profita des finances pros-
pères laissées par Joûcho et étendit encore les
réformes de ce ministre, améliorant l'extraction
du sel, l'élevage des vers-à-soie, le tissage de la
soie, la fabrication de la porcelaine, ouvrant des
mines, fortifiant encore l'armée, développant
l'instruction, construisant les deux premiers
navires de guerre de type européen. Chez ce

prince, l'élévation des idées, la connaissance des hommes, la volonté sans défaillance répondaient à l'intelligence ; de longues années après sa mort, des daïmyô qui l'ont connu, déclaraient encore n'avoir jamais vu d'homme incarnant aussi parfaitement le type du seigneur politique et homme d'état. Les princes avancés du Japon, non-seulement Nariaki de Mito, mais les seigneurs d'Ouwazima, de Morioka, de Tsikouzen, de Tosa, de Hizen, d'Étsizen comptaient sur Simadzou Nariaki pour grossir leur parti de sa valeur personnelle et de sa puissance ; ils agirent donc auprès du Bakou-hou pour qu'on mit obstacle aux desseins du seigneur régnant de Satsouma. Les droits de l'héritier présomptif étaient indiscutables ; les modifications à l'ordre de succession n'étaient jamais bien vues à Édo ; les bonnes relations des princes avancés avec Abé Masahiro, seigneur d'Isé, membre influent du Rôdjou, firent le reste : au début de 1851, le seigneur Narioki reçut du Bakou-hou un service à thé en terre rouge et comprit qu'il devait se retirer. Nariaki lui succéda.

Le prince arrivait au pouvoir avec une double idée : réaliser au Japon, et d'abord en Satsouma, les réformes qui lui tenaient à cœur ; pour avoir toute liberté d'action, effacer d'abord les souvenirs de l'hiver 1849-1850. Le parti légitimiste et progressiste, qui avait souffert pour lui, comptait triompher avec lui ; Ôkoubo, avec une hâte bien excusable, fit remettre au daïmyô dès son arrivée à Kagosima (mai-juin 1851), un mémoire secret où il le priait d'écarter sans retard les mauvais conseillers. Nariaki déclara qu'il gardait près de lui les serviteurs de son père, ce qui laissait l'administration aux mains des conservateurs; mais bientôt après, il amnistia les condamnés complices de Takasaki; Ôkoubo Tosimitsi fut nommé trésorier (1853); son père fut rappelé de Kikaizima (1854). La même année, se rendant à Édo pour sa période de séjour, le prince emmena dans sa suite Saigô Takamori, qu'il connaissait de réputation ; il se le fit présenter sans formalités pour éviter les commentaires et dès lors s'entretint souvent avec lui. « C'est un homme précieux, disait-il, mais je suis seul à savoir le manier. » Le prince confiait volontiers des missions aux progressistes, il en mettait quelques-uns dans des charges importantes ; c'est ainsi qu'il nomma Ôkoubo et Saigô inspecteurs-adjoints (1858). Mais s'il employait tous les hommes capables, il entendait rester au dessus des partis ; pour sceller leur réconciliation, il désigna comme héritier présomptif Tadayosi, fils de son frère Hisamitsou qu'on lui avait jadis opposé.

Quelques jeunes gens, impatients de cette modération, quittèrent dès 1852 la seigneurie, sous prétexte d'aller à Édo étudier les cérémonies du thé; plusieurs d'entre eux, Ôyama Tsounayosi, Kaiéda étaient amis d'Ôkoubo. Nariaki leur accorda sans difficulté les autorisations nécessaires et les utilisa pendant son séjour à Édo. Saigô, à son arrivée, retrouva donc un noyau de jeunes gens de Satsouma, progressistes exaltés comme lui ; tous fréquentèrent les leçons de Houdzita Toranosouké, rencontrèrent près de lui des samourahi de tous les clans, ébauchèrent des relations politiques, apprirent les affaires du Japon et celles de l'extérieur. C'est dans ces années, aux yasiki de Satsouma et de Mito, que se concentra le parti progressiste et impérialiste demeuré jusque-là surtout théorique ; le commandant en chef que l'on désignait pour le jour de l'action, c'était Nariaki de Satsouma, qui feignait de ne rien voir.

Ôkoubo, à Kagosima où le retenaient ses fonctions, entrait par les lettres de Saigô, par les allées et venues de ses jeunes compatriotes, en contact avec le parti impérialiste des autres clans ; en Satsouma, il en était l'âme et il avait surtout à le modérer. Kaïéda ayant été envoyé de Édo avec une mission du seigneur Nariaki, Saigô chargea le messager seigneurial de décider ses amis à agir et à renverser les mauvais conseillers. Kaïéda, Ôkoubo, quelques autres allèrent au temple de Daïtchou consulter l'oracle, qui répondit de mettre à mort les pervers ; Kaïéda, sans hésiter, appliquait les paroles divines aux mauvais conseillers. « Je suis d'accord avec vous, dit Ôkoubo, mais l'oracle n'a pas dit s'il convenait d'agir maintenant. » L'exé-

cution du plan fut donc remise. Peu après, Nariaki
intervint et fit parler à Saigò par un de ses
pages, progressiste lui-même : un coup de force
amènerait en Satsouma des troubles suivis de
la retraite imposée au prince par le Bakou-hou.
Pour quelque temps, les impatients se tinrent
tranquilles et l'avis d'Òkoubo l'emporta parmi
eux.

C'est sous les yeux bienveillants ou indiffé-
rents du Bakou-hou, à Édo même, que se discutait librement l'avenir du Japon. Abé Masahiro,
particulièrement lié avec les seigneurs progressistes, avait l'esprit ouvert, mais manquait de
résolution et d'énergie; il partageait les idées
de Mito et du Satsouma sur la politique étrangère,
sur le rapprochement entre la noblesse de cour
et la noblesse territoriale. C'est ainsi qu'il fit
gracier Nariaki de Mito, puis facilita l'adoption
d'un fils de celui-ci, Yosinobou, plus tard le dernier des Chôgoun, dans la maison de Hitotsoubasi, l'une des branches de la ligne chôgounale;
il eut aussi un rôle dans le mariage (janvier 1857)
du Chôgoun avec Atsouko, fille adoptive de
Simadzou Nariaki, puis de Konoé Tadahiro (des
relations d'adoption existaient depuis plusieurs
générations entre la maison des princes Konoé
et celle des seigneurs de Satsouma). Mais,
lorsque l'arrivée du commodore Perry mit le
Bakou-hou en face de problèmes inconnus, Abé
ne sut ni tracer une ligne de conduite nouvelle,
ni imprimer au gouvernement une direction

ferme; il ne trouvait d'ailleurs chez plusieurs
de ses collègues qu'opposition et inintelligence.
Dès 1846, des navires de guerre américains
étaient venus à Ouraga, en Sagami, et ayant
voulu ouvrir des relations, avaient été douce-
ment et fermement écartés; l'émoi avait été
grand de voir ces bâtiments couverts de fer,
hérissés de canons, peuplés chacun de huit cents
hommes, s'avancer, énormes, « comme des êtres
mystérieux et danser en vue des côtes ». Des
mesures de défense furent activement prises;
mais on devait reconnaître que les jonques
japonaises ne comptaient plus pour rien, que
toute l'organisation militaire était pourrie de
vétusté. Au mois de juillet 1853, l'apparition
du commodore Perry ne fut pas une surprise,
mais trouva tout le Japon désemparé : des prières
furent dites à Nikkwò et en Isé, les samourahi
furent convoqués de toutes parts. Le Chôgoun
Ihéyosi mourut à propos, au milieu de cette crise
(26 août). Il fallut cependant recevoir la lettre
du président des États-Unis, promettre une
réponse pour l'année suivante, signer un traité
à Kanagawa (31 mars 1854) parce qu'on ne pouvait résister, en conclure d'autres avec l'Angleterre, avec la Russie, avec la France, en raison du
premier et sous la pression des affaires de Chine.

Alors éclate au grand jour le désarroi du
Bakou-hou. En traitant avec les étrangers en
son seul nom, le Chôgoun ouvre d'un côté sans
délai des ports dont il remet d'autre part l'ouver-

ture à plusieurs années ; il sollicite ensuite l'approbation impériale pour les conventions déjà signées : démarche inouïe, depuis Ihéyasou jamais le Chôgoun n'a douté de la plénitude de son mandat. La Cour, dans sa retraite séculaire, n'a pas oublié ses préventions du xvie siècle contre les barbares qui souillent le sol sacré ; de plus, ajoute-t-on plus bas, elle touchait alors à Sakahi des taxes sur les marchandises étrangères, aujourd'hui les vaisseaux sont admis dans les ports du Chôgoun et paient des droits à son trésor. L'Empereur refuse son consentement, mettant le Chôgoun dans la nécessité de désobéir ou de rompre les traités. L'ex-seigneur de Mito, depuis plus de dix ans, conseillait des mesures non pour repousser les étrangers, mais pour être en état de leur faire face ; d'après quelques-uns, persuadé de la nécessité d'une politique étrangère, il aurait fait passer des lettres en Amérique pour forcer la main au Bakou-hou ; c'est à lui, en raison de ses idées avancées, de sa haute influence, que s'adresse Abé Masahiro au lendemain de l'arrivée des Américains et qu'il offre la direction du comité de défense. Nariaki accepte ; mais bientôt il ne s'entend plus avec le gouvernement ; il souhaitait les relations étrangères établies volontairement, il proteste contre les traités subis sans discussion, sans résistance à des prétentions qu'il juge exagérées, par lâcheté ; d'ailleurs impérialiste, il ne peut admettre les conventions que l'Empereur refuse de sanctionner; il se retire donc (avril 1854). Les daimyô sont consultés; tous se prononcent contre les traités conclus dans ces conditions; les progressistes mêmes repoussent le progrès imposé contre la volonté impériale; ils donnent dès lors, dans leur politique, la première place à l'« union » de la Cour et du Bakou-hou : le rapprochement est devenu d'autant plus nécessaire qu'il y a aujourd'hui dissentiment, la Cour sera d'autant plus difficile à satisfaire, le Bakou-hou se croira d'autant plus aisément mis au second rang.

Malgré tout, c'est à cette œuvre que travaille Simadzou Nariaki pendant son séjour à Édo (du début de 1854 au début de 1857); par ses relations avec l'ex-seigneur de Mito et avec Abé, par ses alliances de famille, il est sur le point de réussir. En rentrant à Kagosima, il traverse Kyôto, voit secrètement le prince Konoé Tadahiro, le kougé Sandjô Sanéyosi, ébauche avec eux, d'accord avec Abé, l'alliance des deux noblesses; il laisse derrière lui Saigô, qui voyage sans repos entre Édo, Kyôto, le Satsouma, et travaille à réaliser le plan.

Mais Abé meurt dans l'été de la même année; la politique du Bakou-hou oscille; les circonstances sont graves, on sent le besoin d'un homme énergique. Ii Nahosouké, seigneur de Hikoné, qui a donné des preuves de fermeté dans le gouvernement de son clan et qui depuis 1852 a été mêlé à la politique étrangère,

prend rapidement une grande influence. Ii, avant
tout serviteur des Tokougawa, veut maintenir le
chôgounat dans sa forme et dans sa puissance
traditionnelles ; il trouve insuffisante la place
après la Cour que les loyalistes progressistes
réservent au Bakou-hou, il ne comprend pas
qu'en signant le traité de Kanagawa, le Chôgoun
a violé un des articles fondamentaux de la politique séculaire de Édo, et, en consultant ensuite
l'Empereur, a commencé de déchirer le testament de Ihéyasou. Entre ces deux actes, le
Bakou-hou ne peut choisir ; usant de duplicité
avec la Cour, avec les étrangers, il tente une
conciliation, bien difficile si l'on s'appuie sur les
seigneurs impérialistes, impossible si on les a
contre soi ; mais pour les gagner ou les garder,
il faudrait sacrifier quelque chose des prérogatives du Chôgoun. Le flot qui depuis si longtemps portait les Tokougawa, se retire avec
rapidité. Ii met toute son énergie à tâcher de le
retenir ; il essaie de la force contre la Cour, il
songe à déposer l'Empereur : par là, il viole le
pacte du xviie siècle où toute la puissance du
Chôgoun s'enveloppe de respect pour le Tennò.
Au printemps de 1858, le Ròdjou réussit à
gagner le kwambakou Koudjò, et un décret
impérial est préparé, accordant au Bakou-hou
pleins pouvoirs pour régler la question étrangère ; mais Sandjò et quatre-vingts kougé pro-
testent et arrêtent la promulgation du décret.
Au début de juin, Ii est nommé régent, le

Chôgoun Ihésada étant malade et sans enfants.
Le choix de l'héritier présomptif est depuis plusieurs mois l'objet des intrigues au Château et
dans les yasiki de Édo, à la Cour, en Satsouma
et en Étsizen ; les progressistes, et parmi eux la
plupart des princes de la maison chôgounale,
sont partisans de Hitotsoubasi Yosinobou, fils de
l'ex-seigneur de Mito ; Ii et une partie des
femmes du Château sont opposés ; nommé régent,
Ii l'emporte et, le 4 août, un fils du seigneur de
Kii est désigné comme héritier. Ihésada meurt
le 16 août, son successeur prend le nom de Ihémotsi. Avec un Chôgoun enfant, le régent sera
tout puissant : l'« union des deux noblesses » ne se
fera pas, non plus que la réforme du Bakou-hou.

En Satsouma, Nariaki, depuis son avènement,
a poursuivi ses réformes ; depuis son retour, il y
a mis la dernière main, secondé efficacement par
Òkoubo. Tout étant prêt, il ne veut pas que son
parti reste sous le coup de l'échec infligé par le
régent ; il s'est mis d'accord avec les seigneurs
de Mito, de Tsikouzen, d'Étsizen, d'Owari, de
Tosa. On marchera en armes sur Kyôto, on
recevra de l'Empereur un décret qui est déjà
prêt et qui ordonne la réforme du Bakou-hou ;
ainsi sera réalisée l'« union », but du parti.
Tout-à-coup Nariaki tombe malade et meurt à
Kagosima le 24 août. Cette mort survenait telle-
ment à propos pour le régent qu'on peut se
demander si elle fut naturelle. Et en effet,
dès le 13 août, les seigneurs d'Owari, d'Étsi-

zen, de Tosa, et Hitotsoubasi Yosinòbou, avaient
été mis aux arrêts ; l'ex-prince de Mito avait été
condamné à une retraite perpétuelle, la sentence
étant accompagnée de considérants des plus vifs.
La Cour prend rapidement son parti ; elle
dépêche Kousakabé Isazi, fils d'un réfugié du
Satsouma de 1849 et agrégé depuis au clan de
Mito ; elle le charge de remettre à l'ex-seigneur
un décret réclamant ses conseils et son appui.
Mais Ii Nahosouké est informé de tout par ses
espions, il a des preuves en mains. La répression
en devient plus rigoureuse et plus hardie ; plusieurs princes et kougé, Konoé Tadahiro, Sandjô
et d'autres sont internés dans leurs maisons ; cin-
quante-sept personnes de rang moindre, appartenant à divers clans et qui ont servi d'agents
aux daimyò et aux kougé, sont arrêtées soit à
Kyôto, soit à Édo, emprisonnées, mises à la torture, exécutées. La Cour terrorisée autorise finalement le régent à entrer en possession du décret
envoyé à Mito et un membre du Ròdjou, Andò,
seigneur de Tsousima, va se le faire remettre par
le prince (septembre 1859). Le parti progressiste
semble dispersé, déshonoré à jamais par cette
dernière insulte.

A Kagosima, le régent ne put exercer ses violences, la réaction fut vive cependant ; Saigò
compromis aux yeux du Bakou-hou, poursuivi,
tenta un suicide romantique en mer, au clair de
lune, avec accompagnement de pièces de poésie ;
le gouvernement du Satsouma le fit passer pour

mort et l'exila à Òsima des Ryoukyou. Òkoubo
dut donner sa démission: près de Nariaki, il
avait fait connaissance avec la politique, il avait
pris conscience de ses idées, de sa valeur; pour
lui, c'était la carrière officielle fermée; c'était de
nouveau l'existence de suspect, c'était la ruine
de toutes les espérances.

III

Vers la Restauration (1858-1868).

La succession de Simadzou Nariaki ne souleva
pas de difficultés ; Tadayosi, héritier désigné,
devint seigneur à la place de son père adoptif ;
c'était un jeune homme, le pouvoir fut exercé par
le véritable père, Simadzou Hisamitsou, frère
cadet du mort. Hisamitsou, connu aussi sous les
noms de Simadzou Sabourô, Simadzou Ôsoumi,
s'était jusque-là enfermé dans l'étude ; sans
égaler son frère en largeur de vues, en étendue
d'informations, en influence personnelle, c'était
un homme intelligent, opiniâtre plus que décidé,
de beaucoup supérieur à la plupart des daimyô.
Tadayosi, conforme au type général, n'a pas fait
parler de lui dans les années si graves qu'il a
traversées. Hisamitsou, du jour où il fut tuteur
de son fils, prit la direction effective du clan ; il
adopta la ligne politique de Nariaki. Mais au
lendemain de la mort de ce dernier, parmi la
violence appliquée de tous côtés par le régent,
Hisatmisou, ne pouvait que s'incliner et attendre
la fin de l'orage ; il s'efforça de donner satisfac-
tion au Bakou-hou, en suspendant les réformes

les plus visibles, écartant les fonctionnaires progressistes au profit des conservateurs : la politique de Ii Nahosouké confondait ceux-ci avec
les partisans du chôgounat. Comme le rapprochement de la Cour et du Bakouhou devenait plus
difficile, les progressistes, repoussés par Édo, se
tournaient vers Kyôto ; selon une logique inévi-
table, un nouveau parti se formait qui ne se con-
tentait plus de l' « union des deux noblesses »,
mais qui souhaitait de rendre au Tennô son
autorité antique. Les réformateurs des différentes
nuances étaient tout prêts à faire une part à l'influence étrangère ; mais, en qualité de légitimistes, ils devaient se prononcer contre les
traités que l'Empereur repoussait, tandis que les
rétrogrades du Bakou-hou prenaient parti pour
les relations extérieures acceptées par crainte.
Cette situation complexe ne pouvait être comprise
par la plupart des samourahi : le jour où, le
désordre grandissant, ils entreront en scène, ce
sera au cri de : Respect au Souverain, sus aux
barbares (sonnô djôi) ; seuls ils seront logiques,
mais leur logique simpliste cèdera finalement à
l'esprit politique des gouvernants. Le développement des partis, l'évolution des hommes dirigeants d'une idée à l'autre font de ces quelques
années une période féconde, mais obscure : l'âme
du Japon se cherche et ne se trouve qu'avec
peine.

Voyant son parti ruiné, croyant hostile au projet d' « union » le nouveau gouvernement du Sa-

tsouma, Òkoubo oublia les leçons de sage politique
reçues du feu prince. Il conçut et poussa jusqu'à
l'exécution un plan radical : il s'agissait d'amener
à Kyôto un grand nombre de samourahi, d'agir
alors près de l'Empereur. C'était reprendre le
dessein qui avait rempli les derniers mois de la
vie de Nariaki ; mais si un grand daimyô était
justifié à se poser comme défenseur du Tennô,
comme réformateur du chôgounat, de simples
samourahi quittant leur clan violaient les lois
précises des fiefs, devenaient perturbateurs de
l'ordre. Òkoubo, par un de ses amis, qui se rendit
à Édo, s'entendit avec les loyalistes de Mito,
d'Étsizen, d'Owari, de Hizen ; rendez-vous fut
pris à la Capitale. En Satsouma, il trouva une
centaine de partisans, parmi lesquels Kaiéda,
Mourata, Arimoura Zizaémon ; mais Saigò était
en exil ! Tout était prêt, quand Hisamitsou apprit
le projet : un pareil mouvement allait ensan-
glanter Kyôto, attirer une répression terrible
sur les clans impliqués, et sans chance de succès
par l'impossibilité de faire coopérer des bandes
privées de chef. Hisamitsou envoya sans tarder
près d'Òkoubo deux pages du château (28 novembre 1859) pour lui remettre un billet signé
de lui-même et du seigneur régnant ; les princes
déclaraient qu'ils n'oubliaient pas les plans de
Nariaki, louaient les sentiments généreux des
conjurés, réclamaient de ceux-ci fidélité et appui
dans les difficultés présentes et futures. Si le
seigneur entendait suivre la politique de son

prédécesseur, la situation était différente de ce
qu'imaginaient Ôkoubo et ses amis ; entre eux
et le chef du clan, il y avait seulement appré-
ciation diverse de l'opportunité ; mieux valait
agir plus tard avec le gouvernement du Satsouma
que le mettre dès le début contre soi. Avec le
sens politique qui lui fit rarement défaut, Ôkoubo
renonçant à son rôle de chef, se soumit aux
princes. Il réunit ses amis ; chez eux, il trouva
une vive résistance et n'en put venir à bout qu'en
leur déclarant que, pour quitter Kagosima, ils
devraient passer sur son cadavre.

La force d'âme et l'influence d'Ôkoubo furent
dès lors connues au château, tandis que les progressistes se reprenaient à espérer. Toutefois
Ilisatmisou n'osait encore dévoiler ses intentions ; il s'abstint donc d'entrer en relations
directes avec le parti des réformes, dont quelques
membres, se croyant joués, allèrent rejoindre en
secret les samourahi de Mito.

La situation s'éclaircit bientôt par l'assassinat
du régent Ii Nahosouké. Le 24 mars 1860, dans
la matinée, le seigneur de Ilikoné, dans sa
chaise et avec son escorte, s'acheminait vers le
Château pour une fête officielle ; la neige tombait à flocons ; vers la porte de Sakourada,
quelques hommes s'approchèrent pour présenter
un placet ; dans la demi-obscurité, des paroles
furent échangées, puis des injures, une querelle
s'engagea et attira l'attention des gardes placés
près du seigneur ; d'autres hommes bondirent ;

égorgèrent le régent, s'échappèrent avec sa tête ;
quelques-uns des assaillants furent tués sur
place ; au nombre des autres était Arimoura
Zizaémon, de Satsouma. Sauf celui-ci, tous
étaient des samourahi de Mito, qui voulaient
venger l'honneur de leur maître contraint quelques mois plus tôt à livrer le décret impérial ;
la tête du régent fut, dit-on, portée à Mito et
exposée au pilori. Les assassins, suivant l'usage,
allèrent se livrer et furent mis à mort ; ils
avaient fait parvenir à un autre ministre, une
lettre où ils énuméraient les crimes du seigneur
de Ilikoné. Nahosouké ason s'était emparé de
la personne du jeune Chôgoun et avait écarté les
seigneurs de sa famille, ses appuis naturels ; Nahosouké ason avait nommé et destitué les fonctionnaires selon ses intérêts ; Nahosouké ason
avait trompé le prince Koudjô, emprisonné des
kougé, mis des samourahi à mort ; Nahosouké
ason avait, contre la volonté de l'Empereur,
conclu des traités avec les barbares et fait ainsi
monter le prix des grains ; pour tous ces crimes
qui ne pouvaient être pardonnés ni par les dieux
ni par les hommes, il méritait la mort.

L'assassinat du régent est le premier acte san-
glant des samourahi loyalistes contre le Bakou-
hou : de là sortirent des vengeances, puis la
guerre civile.

Quelques mois après (septembre-octobre 1861),
l'ex-seigneur de Mito mourut ; on conta que des
samourahi de Ilikoné s'étaient déguisés en char-

pentiers, introduits dans le château ; ils avaient tué le prince à coups de hache. Un peu plus tard (14 février 1862), le ministre Andô, celui qui, à Mito, s'était fait livrer le décret impérial, fut attaqué et blessé par des rônin. La disparition du régent avait affaibli le chôgounat, sans détendre la situation, le Bakou-hou se tenant à sa politique précédente ; des samourahi chaque jour plus nombreux quittaient leur clan et, devenant rônin, se réunissaient en bandes au cri de : Respect au Souverain, sus aux barbares. Le Bakou-hou effrayé tenta de gagner la Cour plutôt que de la contraindre ; il obtint pour le jeune Chôgoun la main de la princesse Kazou, sœur de l'Empereur (juillet 1861) ; bientôt il augmenta les appointements du kwambakou et de treize kougé importants. C'était là faire des avances, mais non inaugurer une nouvelle ligne de conduite.

Après la mort du régent, le Satsouma respira, les princes ne cachèrent plus leurs sympathies. Les karô rétrogrades furent remplacés, les loyalistes furent introduits peu à peu dans l'administration ; un des leurs, Komatsou Tatéwaki, devint aide-de-camp du seigneur. Òkoubo lui-même était rentré dans le monde officiel comme préposé aux comptes (1860), puis (1861) comme trésorier du château. Les chefs du parti se réunissaient ouvertement chez Komatsou et discutaient leur plan de campagne ; ils voulaient fournir un appui militaire à l'Empereur ; mais,

tout en se réjouissant du sentiment impérialiste
qui faisait sortir les samouraï de leur clan pour
se consacrer au service du Tennô, ils voyaient
dans les rônin un élément de désordre et jugeaient de plus en plus nécessaire l'« union » de
la Cour, du Bakou-hou et des clans ; quant à
l'ouverture des ports, il n'y avait qu'à remettre
la décision jusqu'à délibération de toutes les
autorités dans le pays pacifié. Hisamitsou entrait
dans ces vues ; il se décida à se rendre près de
l'Empereur, avec des troupes au printemps de
1862. Des négociations préparatoires furent entamées à Kyôto et à Édo. Ôkoubo fut chargé de
s'entendre avec le prince Konoé Tadahousa.
Enfin, après quatre ans d'angoisse, on était à
même de reprendre le grand dessein suspendu
par la mort de Nariaki, et c'était Ôkoubo, formé
jadis par ce prince, qui jouait un premier rôle ;
depuis tant d'années qu'il était l'âme du parti
impérialiste en Satsouma, qu'il avait des relations avec tous les loyalistes du Japon, il n'avait
pas encore franchi les limites de sa province ;
son activité et sa prudence vont redoubler en
passant sur une scène plus vaste.

Ôkoubo remit au prince Konoé un mémoire où
Hisamitsou exposait l'état de l'Empire et proposait une série de mesures. Le seigneur de Satsouma enverrait à la Capitale un millier d'hommes, en trois détachements, dont le voyage
s'effectuerait par mer, afin d'éviter toutes difficultés sur le territoire des autres clans. Dès

l'arrivée des hommes du Satsouma, des décrets seraient lancés pour consacrer les dispositions prises par Ilisamitsou en vue de la protection de la Cour, pour prescrire l'envoi à Édo d'un message impérial ; Hitotsoubasi Yosinobou serait nommé tuteur du Chôgoun, Matsoudahira Choungakou (Yosinaga), d'Étsizen, deviendrait régent du Bakou-hou ; les seigneurs d'Owari, de Nagato, de Sendai, d'Inaba, de Tosa seraient convoqués pour discuter la politique de l'Empire ; le ministre Andô serait châtié comme ennemi public ; les princes, kougé et daimyô emprisonnés seraient délivrés; le kwambakou Koudjô serait relevé de ses fonctions et remplacé par Konoé Tadahiro, père de Konoé Tadahousa.

Ces propositions acceptées, Òkoubo rentra rapidement à Kagosima. A son retour, ses instances obtinrent de Ilisamitsou le rappel de Saigô (mars 1862). Ce dernier, brave, dévoué, ardent et opiniâtre, avait servi la politique du clan contre le régent Ii ; le triomphe, les violences de celui-ci l'avaient convaincu de l'impossibilité d'un rapprochement sérieux entre la Cour et le Bakou-hou. Il se proposait dès lors uniquement la Restauration du pouvoir impérial ; ne détestant pas l'intrigue ni la conspiration, il comptait beaucoup moins sur les moyens réguliers à la disposition de la Cour, que sur l'alliance immédiate des clans patriotes et sur l'appui des rônin. Ces vues étaient opposées à celles de Ilisamitsou qui sentait vivement la

responsabilité du pouvoir et désirait s'en tenir
à l'action officielle de la Cour soutenue par les
daimyô; Ôkoubo, plus politique, se serait volontiers servi des rônin, mais il redoutait de ne les
pouvoir diriger. Dès son retour, Saigô se prononça contre l'expédition à Kyôto qu'il jugeait
inutile; sous l'influence d'Ôkoubo, il accepta
toutefois la mission de parcourir les clans de
Kyouchou pour se rendre compte de l'état des
esprits.

Le départ du seigneur et de son escorte fut
fixé au 14 avril. Deux proclamations exposèrent
au clan la résolution prise, interdirent aux samourahi tous rapports avec les rônin; par là,
Édo apprit la politique nouvelle du Satsouma. Le
prince emmena Komatsou, Ôkoubo : à Simonoséki on devait retrouver Saigô. Mais celui-ci
s'était entendu avec les patriotes exaltés et avait
poursuivi sa route; à Hyôgo, quand il se présenta, Hisamitsou voulait le condamner à mort;
la défense énergique d'Ôkoubo sauva la vie au
loyaliste indiscipliné, qui fut exilé de nouveau.
A peu de distance de Kyôto, un autre incident se
produisit. Un ami de Saigô, Hirano Kouniomi,
chef d'une bande de rônin, comprenant de quel
profit serait le patronage d'un grand seigneur,
fit parvenir à Hisamitsou une lettre : les rônin
voulaient se soumettre au commandement du
seigneur Simadzou, puis délivrer les kougé emprisonnés, s'emparer des châteaux d'Ôsaka,
de Nidjô, de Hikoné, rassembler tous les clans,

mener l'Empereur jusqu'à Hakoné pour châtier
le Chôgoun et expulser les barbares. Une déclaration de guerre au Bakou-hou ne convenait
nullement au prince; mais il ne se souciait pas
de rebuter les rônin : une lutte contre deux
ou trois cents hommes surexcités entraverait
son expédition. Cédant aussi aux conseils politiques d'Ôkoubo, Simadzou leur fit une réponse
évasive, mais dut accepter d'eux un placet pour
la Cour et se laisser accompagner par leur bande
jusqu'à Housimi. La Cour fut très effrayée du ton
séditieux du placet ; elle n'avait jamais eu l'idée
de la révolution qu'on lui proposait de diriger ;
elle souhaitait de modifier avantageusement ses
rapports avec le Bakou-hou, de donner une fois
une impulsion nouvelle à la machine gouverne-
mentale ; elle n'envisageait point la possibilité
de se mêler au tracas des affaires. Un décret
prescrivit donc à Hisamitsou de rester à Kyôto
pour garder le Palais et pacifier les rônin ;
ceux-ci, furieux de se voir abandonnés par leur
chef choisi, envoyèrent une cinquantaine d'entre
eux pour insister près de lui. Hisamitsou, voulant
les calmer, leur dépêcha jusqu'à Housimi quelques-uns de ses conseillers soutenus par une
escorte ; la conférence dégénéra en bataille ; un
bon nombre d'hommes furent tués des deux
côtés ; le reste des rônin se dispersa, mais des
bandes continuèrent de tenir la campagne. Cette
première collision sanglante causa à Kyôto une
émotion indescriptible.

Arrivé à la Capitale le 14 mai, Hisamitsou se rendit dès le lendemain au palais Konoé, où il fit à Konoé Tadahousa, Nakayama Tadayosi, Saga Sanénarou, Iwakoura Tomomi un exposé conforme à son mémoire de l'hiver ; dans un placet destiné à l'Empereur, il ajoutait qu'il fallait appeler l'un des ministres du Bakouhou pour lui communiquer les ordres de la Cour. Le placet de Simadzou Hisamitsou donna lieu à quelques pourparlers ; finalement il fut décidé qu'une mission chargée d'un décret se rendrait à Édo, un homme énergique, le kougé Òhara Sigénori, fut choisi comme envoyé ; Hisamitsou reçut l'ordre d'accompagner la mission avec une escorte imposante, tandis qu'il laisserait le reste de ses troupes à Kyôto pour garder la ville.

Pendant ces préparatifs, les colloques continuaient au palais Konoé ; Simadzou y amenait Òkoubo Tosimitsi. Parmi les kougé, Iwakoura Tomomi se distinguait par son esprit pénétrant et curieux ; lui aussi projetait un rapprochement de Édo et de Kyôto ; mal informé des affaires des clans, il se rendait souvent chez Tosimitsi : en prenant une légère collation, il s'informait du détail des fiefs, renseignait son interlocuteur sur la Cour ; par ces entretiens profitables, il s'établit entre eux une amitié solide malgré la différence des conditions. Òkoubo rencontrait aussi Kido Kôin (Takayosi), samourahi de Nagato, qui avait longtemps vécu à Édo ainsi qu'à

Kyôto, avait fréquenté les samourahi de Mito
en même temps qu'il s'instruisait des questions
scientifiques et des affaires occidentales ; Kido
aimait les partis tranchés plus que les accommo-
dements. Dans ces entrevues s'élabora un plan
qui était un compromis entre les opinions
d'Iwakoura, de Kido et d'Ôkoubo. Les cinq
grands clans maritimes, Satsouma, Tosa, Nagato,
Kaga, Sendai, seraient appelés, comme jadis
sous le Taikô Hidéyosi, à prendre part à la
direction du Bakou-hou. Le Chôgoun serait invité
à venir en personne témoigner de son respect
pour le Tennô et réaliser l' « union des deux
noblesses » par une délibération commune sur
la politique de l'Empire. Hitotsoubasi Yosinobou
et Matsoudahira Choungakou seraient nommés
l'un tuteur, l'autre régent. Le dernier article
était inspiré par le Satsouma, le second par
Kido ; le premier était dû à Iwakoura. Le décret
confié à Ôhara reproduisait ces trois conditions
et réclamait l'accomplissement de l'une d'elles
pour calmer le cœur de l'Empereur, pour apaiser
la colère de ses ancêtres. Ces demandes si timi-
des constituaient une révolution et la Cour était
pleine d'appréhension sur l'accueil réservé à son
ambassade.

Celle-ci arriva à destination le 3 juillet après
quinze jours de voyage ; le décret remis selon le
cérémonial, le Bakou-hou délibéra. Ni l'immix-
tion de la Cour dans la politique pratique ni la
présence de Simadzou à Kyôto et dans la mission

impériale ne soulevèrent une objection du Rôdjou
débordé. A la fin de juillet, le Chôgoun déclara
qu'il se rendrait à la Cour et donna à Hitotsoubasi
le titre de tuteur, à Matsoudahira Choungakou
celui de régent ; l'introduction des cinq grands
daimyô dans les conseils du Bakou-hou fut repoussée comme trop dangereuse.

Hisamitsou qui avait amené Ôkoubo, profita
du désarroi du gouvernement ; dans plusieurs
entrevues avec les ministres, il fixa les points
secondaires. Il fut entendu que chaque Chôgoun,
au moins une fois pendant son règne, irait se pro-
sterner devant l'Empereur et que l'on réforme-
rait le cérémonial des rapports entre kougé et
daimyô : par là, Hisamitsou croyait atteindre
l'« union » des deux gouvernements et des deux
noblesses. Les princes, kougé et daimyô condamnés aux arrêts, furent graciés; une amnistie
générale fut proclamée pour tous les samourahi
et rônin mis à mort, exilés, emprisonnés pour
raison politique depuis 1858. Cent dix fonctionnaires du Bakou-hou furent punis ; le seigneur de
Hikoné, fils du feu régent, perdit la moitié de son
fief; Andô et plusieurs autres furent privés d'une
part de leurs biens, mis aux arrêts, dégradés.
Un nouveau chosidai eut pour première mission
de faire présenter à l'Empereur la liste des châtiments infligés.

Hisamitsou, en frappant les ennemis du Satsouma, n'oubliait pas ses partisans : il faisait
honorer la mémoire de Nariaki de Mito, faisait

nommer kwambakou Konoé Tadahiro. Il négligeait encore moins les mesures d'avenir. L'allocation de la Cour fut augmentée de cent mille kokou. Le Bakou-hou s'engagea à armer ses côtes et à prescrire aux daimyô maritimes des préparatifs de défense. La décision de fond sur les relations étrangères restant réservée, le conseil chargé provisoirement des affaires dut être composé par moitié de houdai, par moitié de tozama. Les grands daimyô furent chargés de tenir garnison à Kyôto. Enfin en raison des dépenses nouvelles incombant aux seigneurs; ceux-ci furent dispensés de séjourner à Édo et d'y maintenir leurs femmes et enfants ; ils durent s'entendre entre eux pour fixer l'époque où ils viendraient alternativement pour le service du Chôgoun. « Aussitôt tous les daimyô et hatamoto envoyèrent leur famille chacun dans ses domaines ; en un clin d'œil, la ville si florissante de Édo devint comme un désert. » C'était visible au peuple la ruine du Bakou-hou.

Tout ce que demandèrent Hisamitsou et Òkoubo, son conseiller, fut accordé par un pouvoir désarmé. Ainsi l'œuvre de la mission impériale dépassait les rêves les plus audacieux. Hisamitsou croyait assurer l' « union » des deux pouvoirs ; mais porté par les circonstances, poussé par la méfiance d'Òkoubo, il annihilait bien plutôt le Bakou-hou au profit des daimyô, sans préciser l'autorité de la Cour : celle-ci, au reste, eût été fort embarrassée de pouvoirs définis. L'équilibre n'était pas atteint : ce qui semblait donner raison aux radicaux de l'impérialisme, à Saigô et aux rônin.

La mission triomphante quitta Édo le 14 septembre et rentra le 29 à Kyôto où elle fut reçue et félicitée par l'Empereur. Mais la situation de la Capitale, en deux mois, était devenue toute différente. Enhardis par le départ de Hisamitsou qu'ils tenaient désormais pour leur ennemi, les rônin s'étaient rapprochés de Kyôto; quelques-uns entrèrent en ville et tuèrent plusieurs partisans du Bakou-hou. Ils trouvèrent un chef en Môri Motonori, seigneur héritier de Nagato. Ce clan était l'un des plus divisés et des plus ardents; les seigneurs Môri, de caractère effacé, s'étaient tenus à l'écart des progressistes, avaient cependant maintes fois conseillé au Bakou-hou l'entente avec la Cour. Mais une inimitié du XVIᵉ siècle les séparait des Simadzou; le rôle croissant de cette maison avait avivé la vieille haine. Appelé pour concourir à la défense de la Capitale, Môri Motonori quitta Édo la veille de l'arrivée de Hisamitsou; à Kyôto, il fut une proie facile pour les rônin et passa au loyalisme intransigeant. La majorité de la Cour fut gagnée à ces idées, plus simples que celles des Simadzou: les kougé, l'Empereur même voulaient faire reconnaître leur prééminence et expulser les barbares, sans s'inquiéter des moyens, sans prévoir ni les désordres de l'action des rônin, ni l'intervention étrangère toujours menaçante. Iwakoura,

Nakayama, presque seuls fidèles à leurs convictions, furent mis aux arrêts ; Iwakoura se réfugia
à la campagne avec un seul serviteur ; il ne put
reparaître que plusieurs années après. Autre
complication : Yamanooutsi Toyonori, de Tosa,
était arrivé à la fin d'août pour défendre la Cour.
D'une maison attachée aux Tokougawa, ce seigneur était d'un caractère droit ; il chercha dès
lors constamment à écarter les malentendus
entre la Cour et le Bakou-hou. La combinaison
des grands clans semblait ainsi réalisée, mais
les vues politiques différaient.

Simadzou Hisamitsou, désireux d'appliquer le
compromis obtenu à Édo, mais incapable de
calmer l'exaltation de la Capitale, repartit avec
Ôkoubo le 14 octobre pour Kagosima. Il apprit
bientôt que le parti au pouvoir expédiait un
nouvel envoyé impérial, Sandjò, Sanéyosi, pour
enjoindre au Chôgoun de se rendre à la Cour
dès le printemps et de procéder sans délai à
l'expulsion des barbares. Simadzou trouvait impossible de régler la situation des étrangers
dans un bref délai, coûteux pour le peuple de
faire voyager à la fois le Chôgoun, les grands
daimyô avec leurs immenses cortèges, dangereux
de déplacer de leurs fiefs toutes les autorités.
Un mémoire fut rédigé dans ce sens, d'accord
avec Ôkoubo qui le porta aux deux princes Konoé.
La mission de Sandjò rentrait justement de Édo,
rapportant l'acquiescement du Bakou-hou. Toutefois, les deux Konoé expédièrent Ôkoubo à Édo,

où il tâcha de convaincre Ilitotsoubasi et Matsoudahira Choungakou ; tous deux répondirent que,
le départ du Chôgoun étant déjà fixé, il n'y avait
plus à reculer. Ôkoubo regagna sans tarder le
Satsouma pour prier Hisamitsou de se trouver à
la Capitale en même temps que le Chôgoun.

Avant celui-ci, Ilitotsoubasi arriva à Kyôto
(février-mars 1863) : les samourahi et les rônin,
réunis en assemblée, lui envoyèrent aussitôt une
députation pour le prier de prendre en mains
l'expulsion des barbares décidée par la Cour ;
furieux de la défaite qu'il leur donna, ils mirent
à mort le serviteur d'un kougé lié avec le Bakou-
hou, et envoyèrent la tête à Ilitotsoubasi ; ils
décapitèrent aussi trois statues d'anciens Chôgoun et mirent ces têtes en bois au pilori dans
la rivière. Le Chôgoun entra à Kyôto le 21 avril
èt se présenta au Palais le 24 ; il était accompagné
du régent et de plusieurs seigneurs de sa maison.
Ilisamitsou, arrivé peu après (2 mai), eut une
entrevue avec les Konoé, Ilitotsoubasi, plusieurs
kougé, divers seigneurs de la maison des Tokougawa ; une fois de plus, il exposa sa politique ;
mais ses plans ne plurent ni à la Cour ni à Nagato qui ne voyaient que la guerre sainte contre
les barbares, ni au Bakou-hou qui comptait
garder le pouvoir en flattant les passions du moment et s'en servir avec assez d'adresse pour
concilier les ordres du Souverain avec les traités.
Ilisamitsou n'eut pas la patience d'attendre les
fruits de sa fermeté ; il se retira pour dissiper,

dit-il, les calomnies lancées contre les Simadzou
et pour se préparer à la lutte imminente contre
les barbares; il quitta la Capitale le 5 mai, avec
Ôkoubo. Deux mois plus tard, il rappela le dé-
tachement qui gardait l'une des portes du Palais,
le clan de Satsouma ayant été accusé de l'assassinat d'un kougé; toutefois des troupes du Satsouma restèrent dans les yasiki de Kyôto et de
Housimi.

Pendant ce temps, la Cour mettait ses soins
à organiser la fermeture des ports, mais chacun
se dérobait devant cette mission ingrate. Le
régent abandonna ses fonctions, se retira en
Étsizen; plusieurs seigneurs imitèrent sa retraite.
Le 25 juin ayant été fixé par décret pour l'expulsion des barbares, le Chôgoun fut invité à suivre
l'empereur au temple de Hatsiman pour recevoir
un sabre, symbole de commandement: au dernier moment, le Chôgoun malade se fit remplacer
par Hitotsoubasi; celui-ci, devant l'autel, fut
pris d'une indisposition et descendit précipi-
tamment les degrés. Hitotsoubasi, chargé de
régler sur place la fermeture de Yokohama, envoya bientôt un rapport déclarant que le Rôdjou
ne pouvait se mettre d'accord. L'Empereur furieux
refusait de laisser partir le Chôgoun; enfin il le
renvoya au Kwantô pour s'occuper de l'exécution des ordres donnés. L'heure d'agir arrivée, le
Bakou-hou ne pouvait continuer son double jeu;
avec une persistance patriotique, il refusait
d'entamer contre les étrangers une lutte injusti-

fiée et inégale, mais il se perdait à la Cour. Les Simadzou étant retirés chez eux, les Môri avec les rônin restaient maîtres de la Capitale.

Le clan de Nagato avait cependant acquis des navires à vapeur, fortifié ses côtes, surtout la pointe d'Akamagaséki ; le jour fixé pour l'expulsion (25 juin), il ouvrit le feu sur les vaisseaux étrangers qui passaient et causa avaries et mort d'hommes sur des bâtiments français, anglais, américains, hollandais. Le clan de Kokoura, dont le territoire fait face à Akamagaséki, avait aussi reçu les ordres de l'Empereur ; mais, sans instructions du Bakou-hou, il refusa de prendre part aux actions successives. Un décret impérial prescrivit aussitôt de châtier Kokoura, d'aider le Nagato dans la guerre sainte. Un autre décret félicita ce clan de son loyalisme, qui continua de s'exercer, même sur des bâtiments du Satsouma et du Bakou-hou. Le 25 septembre, le clan de Nagato obtint un décret où l'Empereur annonçait qu'il prendrait en personne le commandement de l'armée ; les rônin et quinze cents hommes du Nagato étaient dans les environs ; maîtres de la personne impériale, leur politique deviendrait seule légale. Dans ce danger imminent, le prince de Nakagawa (nommé à d'autres époques prince de Djôren-in, In no miya, prince de Kouni) et quelques kougé se mirent d'accord avec le seigneur d'Ahidzou, Matsoudahira Katamori, alors chosidai ; on requit l'aide des troupes du Satsouma commandées par des personnages secondaires. Le 29, les portes du Palais furent remises aux clans d'Ahidzou et de Satsouma ; le 30, trouvant fermée pour eux l'enceinte impériale, les samourahi du Nagato pénétrèrent près du kwambakou et de Sandjô, qui n'étaient au courant de rien. Le kwambakou fut appelé devant l'Empereur et accusé d'avoir falsifié les ordres de Sa Majesté ; huit kougé, au nombre desquels Sandjô, furent accusés de complot avec le clan de Nagato. Les hommes du clan voulaient entamer la lutte contre leurs rivaux ; les kougé leur représentèrent que tirer le sabre près de la résidence impériale constituait un cas de rébellion ; sept des kougé, accompagnant les troupes du Nagato, se retirèrent d'abord à Housimi, ensuite jusque dans le fief des Môri, où les atteignit un décret les privant de leurs titres et honneurs; les hommes du Nagato reçurent défense d'approcher de la Capitale. En même temps, la Cour annonçait que la guerre contre les barbares était différée, que les décrets antérieurs au 30 septembre étaient en partie falsifiés.

Il est impossible de savoir si c'est avant ou après le 30 septembre, ou également avant et après, que fut exprimée la véritable volonté du Souverain : pour le public, le Mikado parlait comme on le faisait parler. Quoi qu'il en soit, la roue de la politique tournait encore une fois : la Cour s'appuyait sur le Bakou-hou et sur le Satsouma, adoptait à peu près les plans des

Simadzou ; de cette alliance, le Bakou-hou tirait un éclat, un pouvoir renouvelés ; le Satsouma rentrait au Palais, rappelé malgré la calomnie, et il y rentrait avec l'auréole de succès remportés sur les Anglais.

L'année précédente en effet, le 14 septembre 1862, comme Hisamitsou quittait Édo, son cortège rencontra à Namamougi, près de Kanagawa, dans le district ouvert aux Européens, quatre promeneurs à cheval qui prirent le bas côté de la route et croisèrent la chaise seigneuriale. Les samourahi, furieux de voir ces étrangers s'abstenir des marques de respect dues à un daimyô, en blessèrent deux, en tuèrent un troisième, Richardson. Le châtiment était rude, fût-ce pour ce dédain des convenances du pays dont les Européens se rendent souvent coupables ; la même peine eût été appliquée à un Japonais qui ne serait pas descendu de cheval, ne se serait pas agenouillé. Réparation fut demandée au Rôdjou par le colonel Neale, chargé d'affaires britannique ; après de longues négociations, on convint le 14 juin 1863 d'une indemnité pour le meurtre ; \mais l'arrangement ne fut exécuté qu'en partie, le Bakou-hou n'étant en situation de rien obtenir des grands daimyô. Les Anglais décidèrent alors de procéder eux-mêmes. Sept navires de guerre mouillèrent le 12 août dans la baie de Kagosima ; une note fut envoyée à terre, réclamant l'exécution des meurtriers, le paiement de vingt-cinq mille livres. Ôkoubo et son parti, réservant leurs forces pour la cause impériale, étaient d'avis de payer après quelque discussion. Mais les Anglais saisirent à titre de gage trois bateaux marchands appartenant aux Simadzou. Cet acte indigna les Japonais ; mal rompus aux subtilités juridiques occidentales, ils y virent un début d'hostilités sans déclaration. Personne ne voulut rester sous cet affront. Les batteries ouvrirent le feu sur la flotte anglaise qui riposta, puis appareilla pour Yokohama, dès que fut calmée la tempête. Kagosima fut brûlé en partie, les pertes anglaises furent sérieuses : aucun résultat n'était obtenu. Les samourahi du Satsouma purent déclarer que les Anglais n'avaient pas eu raison d'eux.

Ce conflit, loin d'accentuer l'inimitié du Satsouma pour les Occidentaux, fit comprendre plus généralement le sérieux de la question étrangère et la nécessité corrélative d'une politique unique. Le Bakou-hou avait fait son temps, puisqu'il n'était pas capable de diriger les relations extérieures qu'il avait nouées. Depuis plusieurs années, Ôkoubo croyait peu à l'union pratique de Kyôto et de Édo ; les faits lui donnaient raison ; aussi réussit-il, malgré l'attachement de Hisamitsou pour l'« union des deux noblesses », à obtenir que l'on traitât directement avec les Anglais. A la fin de novembre, des envoyés du Satsouma débarquèrent à Yokohama, se mirent en rapport avec le colonel Neale, donnèrent et demandèrent de copieuses explications sur les

faits de Namamougi et de Kagosima, sur les
principes du droit des gens et du droit de la
guerre. Finalement ils payèrent l'indemnité
et proposèrent en même temps l'ouverture du
port de Kagosima. Les événements empêchèrent
de donner suite à ce projet, simple détail du plan
progressiste appliqué dès lors par Ilisamitsou et
Òkoubo. Celui-ci, en effet, résida à Kagosima
pendant les années suivantes et s'employa, en
personne, ou par divers intermédiaires, à conso-
lider les troupes, acquérir le matériel de guerre
et les bateaux à vapeur, entretenir des relations
avec les étrangers de Chang-hai et de Yokohama.

Aussitôt après le coup d'état du 30 septembre,
les princes et kougé, Ilitotsoubasi et le seigneur
d'Ahidzou, convoquèrent les principaux daimyò
à l'effet de discuter la politique de l'Empire.
Ilisamitsou, avec son conseiller Òkoubo, arriva
des premiers (13 novembre); sur un ordre secret
de l'Empereur, il présenta un mémoire exposant
son avis sur les questions urgentes : il fallait,
disait-il, régler la situation des kougé fugitifs et
fixer par délibération générale la politique étrangère; il n'y avait pas lieu pour l'Empereur de
reprendre en mains l'autorité, mieux valait continuer de la déléguer au Chôgoun. Dans l'hiver,
vinrent le nouveau régent, divers membres du
Ròdjou et plusieurs daimyò; le Chôgoun arriva
au milieu de février. L'agitation croissait; des
bandes de rònin avaient dévasté le Kawadzi et
une partie du Yamato, attaquant les fonction-

naires locaux, appelant le peuple aux armes pour
défendre le Mikado ; ils avaient été dispersés ou
capturés. Hirano Kouniomi, qui avait levé une
troupe contre ces rebelles, rentra en hâte à Kyôto,
après le 30 septembre, pour demander la grâce
du clan de Nagato et des sept kougé ; n'ayant
rien obtenu, il pénétra en Nagato, s'empara de
l'un d'eux dont la présence donnait à ses desseins
un semblant de légitimité ; il ouvrit la campagne
contre le seigneur d'Ahidzou et les autres mauvais conseillers ; mais ses troupes furent battues,
tuées, dispersées en décembre. A Mito, les dissensions qui n'avaient pas cessé, prirent une
acuité nouvelle ; trois partis en vinrent aux mains,
occupèrent les environs, les uns réclamèrent
l'intervention du Bakou-hou, les autres mar-
chèrent sur la Capitale ; c'est seulement au début
de 1865 que Hitotsoubasi et le clan de Kaga
pacifièrent ces rebelles. Pendant l'hiver et le
printemps (1863-1864), Hisamitsou donna une
aide sans réserve au Bakou-hou, aussi l'on obtint
des décrets différant l'expulsion des étrangers
et prescrivant le châtiment du Nagato ; Nidjô,
ami des Tokougawa, fut nommé kwambakou. Au
mois de juin, le soin de châtier le Nagato fut
formellement confié au Bakou-hou qui retrouvait ainsi son prestige. Hisamitsou avait gagné, à
cet appui loyal, des titres et des honneurs. Il
trouvait que c'était peu en face de l'ascendant
repris par les Tokougawa, et commençait de
douter de l' « union ».

Ôkoubo faisait remarquer à son maître la duplicité de Edo ; il redoutait de la part du Rôdjou
contre le Nagato une action énergique suivie
d'un succès trop complet et qui remettrait la
puissance du Bakou-hou hors de pair. Il sut alors
obtenir de Hisamitsou le rappel de Sàigô, tout
dévoué à la Cour, mais ennemi du Bakou-hou,
et lié déjà avec les rônin et avec le Nagato : par
ses idées, par son ardeur, Saigô était plus
capable que quiconque de combattre l'hostilité
présente de la Cour contre le Nagato et de faire
échec à l'influence des Tokougawa. Gracié au
mois de mars, Saigô arriva à Kyôto et fut aussitôt
chargé du commandement des troupes du Satsouma dans la capitale (24 avril 1864).

Le Chôgoun quitta Kyôto le 10 juin, non sans
avoir promis à la Cour de nouveaux subsides, de
nouvelles marques de déférence, tant de sa propre part que de celle des daimyô ; Hisamitsou et
Ôkoubo rentraient au même moment à Kagosima
(11 juin). L'hiver précédent, le seigneur de
Nagato avait envoyé un mémoire, déclarant que
sa conduite avait été conforme aux ordres impériaux, ne demandant rien pour son clan, mais
réclamant justice pour les sept kougé. La Cour,
mécontente de voir soulignées ses contradictions,
n'avait tenu aucun compte du placet. Tout-à-
coup, le 26 juillet, des troupes du Nagato, en
tenue de campagne, quittèrent Ôsaka et remon-
tèrent jusqu'à Yamazaki ; un karô du Nagato,
Houkoubara, s'avança jusqu'à Housimi, qui est

presque un faubourg de la Capitale; le 30,
les hommes du clan qui étaient restés à Kyôto,
se retirèrent à Saga dans le voisinage immédiat
de la ville; bientôt survinrent deux autres karô
avec des troupes, dépêchés par le seigneur pour
arrêter Houkoubara et ses samourahi. Un placet
demandant justice fut appuyé par le prince
d'Arisougawa et par bon nombre de kougé,
priant l'Empereur d'avoir pitié tant du Nagato que
du peuple de la Capitale, en proie à la plus vive
terreur; l'Empereur, trouvant son inviolabilité
atteinte, demeura inflexible. Les trois karô, incapables de maîtriser leurs hommes, se mirent à
leur tête et, le 20 août au matin, l'attaque commença. L'enceinte des neuf portes était défendue
par Hitotsoubasi chargé depuis trois mois des
fonctions de protecteur, par le chosidai Ahidzou,
par les soldats de l'Étsizen, de Kouwana et
autres clans, par ceux aussi du Satsouma. Saigô,
en effet, sur la demande formelle de la Cour
attaquée par des troupes, rebelles de fait, sinon
d'intention, avait fait taire ses sympathies et
marchait avec les Tokougawa. Les troupes du
Nagato, plusieurs fois sur le point de forcer l'entrée des jardins impériaux, ne furent repoussées
que grâce à l'énergie du Satsouma. Le 21, les
impérialistes fouillèrent tous les quartiers de
Kyôto jusqu'à Saga; le 22, ils s'avancèrent jusqu'à Yamazaki; les habitants étaient chassés de
leurs maisons, un grand nombre s'étaient enfuis
dès le début des troubles; des incendies furent

allumés et la moitié de la Capitale s'abîma dans les flammes. Pendant ce temps, une partie des officiers du Nagato se donnaient la mort, ou, prisonniers, étaient décapités; le reste des samourahi se dispersa pour regagner le Nagato par divers chemins. Quelques jours plus tard (5-8 septembre), les batteries de Simonoséki étaient prises par les flottes française, anglaise, américaine, hollandaise; le seigneur de Nagato, par une convention préliminaire (16 septembre) se soumettait aux conditions des étrangers. Le Satsouma semblait coopérer avec les barbares pour abattre le Nagato, l'ennemi du Bakou-hou.

L'union de Kagosima avec Édo persista. Le 29 août, le Bakou-hou demanda des distinctions pour les daimyô qui avaient défendu la Capitale; au début de septembre, l'Empereur priva de leurs titres et honneurs toutes les branches de la famille Môri et ordonna aux seigneurs de prendre part à l'expédition de châtiment.

Le Satsouma ne pouvait refuser de combattre des rebelles avérés. Saigô fut appelé par le commandant en chef, seigneur d'Owari, et envoyé en Nagato, où il ne rencontra pas de difficulté. En effet, après l'échec de Kyôto et la défaite de Simonoséki, le parti favorable au Bakou-hou, avait pris le dessus, enfermé les seigneurs Môri dans une bonzerie, comprimé par des châtiments l'indignation populaire; à l'approche de l'armée chôgounale, il fit abattre les barrières et

ouvrir les forteresses, promit d'abandonner les
kougé, envoya au commandant en chef les têtes
de Houkoubara et de quinze samourahi. Le commandant en chef se déclara satisfait, réservant
au Chôgoun de prononcer sur le seigneur Môri
et son fils ; il se retira avec ses troupes à Ôsaka
(février 1865).

L'humiliation, subie volontairement par le
parti des « idées vulgaires », ne fut pas longtemps supportée par les samourahi de Nagato.
Takasougi Sinsakou, l'un des impérialistes en
vue, avait échappé à l'arrestation et à la mort ; il
avait juré de venger ses amis. Depuis qu'en 1863,
le clan s'était préparé à expulser les barbares,
Takasougi avait obtenu des Môri l'autorisation
d'organiser des troupes d'un nouveau système ;
convaincu de l'insuffisance des samourahi, il avait
attiré, par une solde élevée, des hommes de
toutes classes et de tous clans, les avait soumis
à une discipline stricte, habillés et armés légère-
ment, exercés à l'européenne ; il avait formé des
corps hardis et qui lui étaient dévoués. Rentrant
du Tsikouzen en Nagato (février 1865), il fit
appel à ses anciens soldats dispersés ; en peu de
jours, il eut sous ses ordres cinq cents hommes ;
il s'empara de Simonoséki, y trouva des munitions et de l'argent, mit en déroute les troupes
qui lui furent opposées, bloqua Hagi qui se rendit
avant l'assaut ; plusieurs partisans des « idées
vulgaires » furent décapités ; les seigneurs délivrés furent conduits à Yamagoutsi ; dès lors,

tout le clan fut unanime pour la résistance. Le
Bakou-hou trouvait insuffisante la punition des
faits de 1863 et de 1864 ; à plus forte raison,
voulut-il châtier le nouveau mouvement : il y allait
de son prestige et de son autorité. De plus, Édo
était informé des achats d'armes du clan rebelle,
des propositions pour l'ouverture de Simonoséki
aux étrangers. La Cour, n'oubliant pas l'atteinte
portée à sa quiétude et à sa dignité, répétait
l'ordre de châtier les Môri. Une seconde expédition fut proclamée en mai par le Chôgoun, celui-ci
quitta Édo le 9 juin pour recevoir les instructions
de l'Empereur et se rapprocher de l'armée :
deux régiments d'infanterie formés à l'européenne et précédés de quelques pièces de campagne ; le reste, troupes japonaises, en costume
national, à cheval et à pied, sans ordre ; avec
ces soixante-dix mille hommes des Tokougawa,
cinquante mille auxiliaires des autres clans,
encore plus disparates. De l'armée chôgounale,
les derniers corps partis de Édo atteignirent
Ôsaka cinquante-trois jours après le Chôgoun ;
les contingents des clans, arrêtés par les inon-
dations, arrivèrent à leur poste encore plus
tard. On manquait d'argent, il fallut lancer une
proclamation énumérant les crimes des Môri
et recourir à un emprunt forcé. Les représentants étrangers, voulant se tenir à portée du
Chôgoun, allèrent avec leurs vaisseaux de guerre
mouiller à Hyôgo, pour obtenir enfin l'ouverture
promise de ce port et la ratification des traités ;

l'Empereur, irrité de l'insistance du Rôdjou, dégrada deux des membres de ce conseil, qui jusque-là dépendait seulement du Chôgoun; Hitotsoubasi prenait le parti de la Cour contre le Bakou-hou et contre les étrangers; le 22 novembre, après d'ardentes discussions, les traités furent sanctionnés, mais l'ouverture d'Ôsaka et de Hyôgo était remise et, dans l'esprit de la Cour, définitivement écartée. La fin de 1865, une partie du printemps de 1866 se passèrent dans ces difficultés, sans qu'aucune mesure d'exécution fût prise contre le Nagato qui armait toujours.

D'ailleurs, le Bakou-hou trouvait de l'opposition même parmi les Tokougawa : le seigneur d'Owari refusa de prendre une seconde fois le commandement. En Satsouma, on nouait des alliances. Hisamitsou gagné aux vues d'Ôkoubo, envisageait une entente des clans, un rapprochement avec le Nagato, une opposition ouverte au Bakou-hou, dont on ne pouvait jamais attendre une attitude nette. Dès qu'Ôkoubo entendit parler de l'arrivée prochaine des escadres étrangères à Hyôgo, il songea à profiter de la circonstance pour imposer au Chôgoun la réunion d'une assemblée des grands clans, en vue de régler la question étrangère. D'accord avec Saigô et avec Konoé Tadahousa, il se rendit au début de novembre en Étsizen, près de Matsoudahira Choungakou; Yosii, de Satsouma, était reçu en même temps par Daté Mounénari, seigneur d'Ouwazima, tandis que Saigô approchait, à

Ôsaka, sir Harry Parkes. Le consentement de
la Cour survint trop tôt pour que la coalition pût
prendre corps ; toute l'attention se porta de nou-
neau sur la question du Nagato.

Aussitôt après les événements de la Capitale,
en octobre (1864), Ôkoubo avait entrepris un
premier voyage dans les principaux clans de
Kyouchou, il était allé aussi à Nagasaki, et partout avait pris langue avec les samourahi loyalistes. Saigô, que l'attaque du Nagato contre le
Palais avait forcé de déployer plus d'énergie
qu'il n'eût voulu, traitait ses prisonniers avec
bienveillance et, les chargeant de présents, les
renvoyait bientôt dans leur clan ; en décembre,
il obtenait une audience des seigneurs de Tsikouzen et avait une première entrevue avec Takasougi, qui se préparait à rentrer en Nagato ;
puis, passant de Kokoura à Simonoséki, il décidait les cinq kougé fugitifs (l'un d'eux était mort,
un autre s'était enfui en Sikokou) à traverser
le détroit et à se mettre sous la protection des
clans de Satsouma, de Higo, de Hizen, de Tsikouzen, de Kouroumé (janvier 1865). Saigô rentrait
ensuite à Kagosima et se mettait d'accord avec
les seigneurs et avec Ôkoubo. Ce dernier repar-
tait sans tarder pour le Tsikouzen, puis s'entendait avec Nakaoka, de Tosa, et gagnait Kyôto
où il retrouvait Saigô et Komatsou Tatéwaki.
L'objet de ces démarches restait mystérieux pour
le Bakou-hou, qui n'était plus en mesure de les
surveiller. L'hiver suivant, une entrevue fut mé-

nagée à Kyôto entre Saigô et Kido Kôin, rentré non sans tribulations en Nagato et agissant maintenant au nom de son seigneur. Le Satsouma faisait les premiers pas et offrait son alliance ; Takasougi et Kido, par point d'honneur, hésitaient à accepter, leur clan étant au ban de l'Empire ; Sakamoto Ryouma s'entremit et leva leurs scrupules : ébauchée dans les conciliabules des samourahi du Satsouma, du Tosa, du Tsikouzen, du Nagato, l'union était conclue, mais restait secrète. ·

Le rapprochement des deux clans ennemis ne tarda pas à se manifester. Dès qu'Ôkoubo apprit que le Chôgoun et le gouvernement se transportaient à Ôsaka, il quitta Kagosima (16 juin 1865) et rejoignit Saigô à Kyôto ; tous deux eurent plusieurs entrevues avec Abé Masakata, membre du Rôdjou, lui exposèrent l'inconvénient qu'ils voyaient à compromettre l'autorité du Chôgoun, de l'Empereur même, dans une guerre injuste contre des gens que l'on poussait au désespoir ; ils déclarèrent que le Satsouma s'abstiendrait. En janvier 1866, le clan de Satsouma prit une mesure inouïe et rappela tous ceux de ses samourahi qui résidaient dans le yasiki de Édo. Le Bakou-hou ayant réitéré l'ordre de fournir des contingents, Hisamitsou et d'autres daimyô de Kyouchou exposèrent à l'Empereur le caractère injuste et impolitique de cette seconde expédition ; en même temps, le clan de Satsouma fit présenter au Bakou-hoú par

Òkoubo (28 mai 1866) une lettre énergique où il refusait de prendre part à cette guerre « innommable ». La lettre fut refusée trois fois, sous divers prétextes de forme, par les ministres du Chôgoun, qui ne voulaient pas d'une rupture ouverte avec le Satsouma à l'heure où ils allaient combattre le Nagato ; le Rôdjou comprenait que l'exemple des Simadzou serait décisif : s'ils envoyaient des troupes, tous les seigneurs les imiteraient ; s'ils s'abstenaient, la plupart resteraient sur la réserve, il faudrait les vaincre, après avoir abattu les Môri. Itakoura, l'un des membres du Bakou-hou, essaya d'effrayer Òkoubo qui répondit : « Si le clan de Nagato a commis des actes qui en fassent un ennemi de l'Empire, que le Bakou-hou articule les faits : mais notre clan n'a connaissance de rien de tel. Notre politique est fixée : si vous nous traitez en ennemis publics, nous vous attendrons. »

Au début de l'année, un karô du Nagato avait été convoqué à Hirosima pour recevoir les ordres du Bakou-hou; Sisido, du parti modéré, avait été envoyé et des pourparlers s'étaient engagés avec lui. Mais au mois de mai, le Bakou-hou l'emprisonna et fit connaître ses ordres au Nagato : confiscation de cent mille kokou de territoire, emprisonnement perpétuel du seigneur régnant et de son fils, anéantissement de la famille des trois karô coupables. Plus d'un mois se passa sans réponse. Le 23 juillet les hostilités commencèrent : sur mer, en Bouzen, en Aki, en

Iwami, les troupes chôgounales reculèrent; les
soldats du Nagato se virent bientôt libres d'attaquer le clan de Kokoura pour vider la querelle
de 1863, de commencer de tous côtés une marche en avant; les daimyô qui avaient fourni
des contingents, se hâtèrent de les retirer; le
1er août, le Bakou-hou relâcha Sisido. Les défaites continuèrent en août et en septembre.

Dans cette déroute, le Chôgoun tomba malade à Ôsaka et y mourut le 19 septembre. On
remarqua que cette mort, comme celle de ses
deux prédécesseurs, survenait à une heure de
crise pour le Bakou-hou. Hitotsoubasi, qui depuis
longtemps entretenait d'excellentes relations
avec la Cour, était depuis quelques jours chargé
d'expédier les affaires; la même mission lui fut
continuée; au mois d'octobre, il fut désigné par
la Cour comme chef de la maison des Tokougawa
et reprit le nom de Tokougawa Yosinobou. Ce
prince s'était fait connaître avant 1858 par ses
idées de progrès; favorable à l' « union des deux
noblesses » préconisée par les Simadzou, il s'était
en 1863 prononcé contre le Nagato, les rônin
et la Cour; évoluant ensuite, il s'était nettement
opposé au Bakou-hou pour l'ouverture de Hyôgo
et venait, après les échecs des troupes chôgounales, d'en accepter le commandement. Comme
chef des Tokougawa, une de ses premières démarches fut d'annoncer aux ministres étrangers
qu'il les recevrait à Ôsaka. D'autre part, il obtint
de l'Empereur de ne pas se rendre à Hirosima

pour prendre son commandement ; les succès du
Nagato, dont les samouraïi avaient pris Kokoura
et étaient arrivés sous Hirosima, lui òtaient l'en-
vie de risquer sa fortune sur le champ de bataille ;
le 3 octobre, la Cour ordonna de cesser les opérations ; Satsouma et Higo réconcilièrent les
clans de Nagato et de Kokoura ; Katsou Awa, qui
avait été disgracié pour ses sympathies impérialistes, fut envoyé par le Bakou-kou près des
commandants du Nagato : ceux-ci, s'inclinant
devant les ordres impériaux, rentrèrent triom-
phalement avec leurs troupes, qui ne comprenaient pas que l'on ne profitât pas de leurs
victoires. La guerre était donc finie et l'autorité
du Bakou-hou ruinée dans la moitié de l'Empire.

Tokougawa Yosinobou avait dû agir contrairement aux plans de Hitotsoubasi Yosinobou :
comme il arrive souvent, la situation était plus
forte que l'homme. Yosinobou, doué d'une
grande clairvoyance, comprenait alors que la
suprématie du Chôgoun touchait à sa fin, que le
Bakou-hou n'avait chance de durée qu'en se
transformant. Aussitôt après la mort de Ihémotsi, il avait fait sanctionner un projet d'assemblée des grands daimyô et convoqué, pour
régler la question de Hyôgo et celle du Nagato, les
seigneurs d'Étsizen, de Hizen, de Tsikouzen, de
Tosa, d'Ouwazima, de Satsouma, de Higo ; à cette
convocation, il avait joint l'insistance d'un envoyé spécial et des lettres de Matsoudahira
Choungakou, ex-seigneur d'Étsizen, l'un des

doyens parmi les daimyô progressistes. Mais les
mesures prises par le Bakou-hou seul relative-
ment à Hyôgo et au Nagato, effacèrent l'effet de
ces démonstrations ; les daimyô virent que l'on
se passait d'eux ; Ôkoubo montra à son maitre
que, par essence, le Bakou-hou ne pouvait être
sincère en disant renoncer à une part de ses
prérogatives. Tous les seigneurs convoqués
s'excusèrent sur leur état de santé ; Matsoudahira Choungakou, l'un des auteurs du projet, se
retira lui-même dans son fief. Yosinobou avait
refusé à plusieurs reprises le titre de Chôgoun
qui ne correspondait plus à une réalité ; il dut
le subir (janvier 1867) sur l'insistance réité-
rée de la Cour. Les habitudes, les événements
l'éloignaient chaque jour de ses idées personnelles, le faisaient entrer dans le rôle de ses
prédécesseurs, lui imposaient l'illusion qu'avec
ses vassaux et ses revenus, il pourrait garder
un pouvoir prépondérant dans un Japon rema-
nié. Mais dès lors, les rapports des clans unis
et du Bakou-hou vaincu restaient les mêmes ;
Yosinobou, comme Ihémotsi, ne pouvait faire
fonds que sur les forces du Kwantô et des houdai, sur l'influence du Bakou-hou à Kyôto, influence bien amoindrie depuis une dizaine d'années. Il comptait aussi sur son crédit personnel ;
mais, s'il était écouté tant qu'il parlait le langage
du parti dominant, il ne tarda pas à perdre
l'oreille de la Cour dès qu'il exprima les idées du
Bakou-hou. L'Empereur lui-même avait au cœur

un âpre ressentiment contre le Nagato, une anti-
pathie violente contre les barbares : toute politique devait compter avec cette double passion.

Néanmoins, les progressistes ne perdaient pas
courage ; l'issue de l'affaire du Nagato les remplissait d'espoir. Saigô et Komatsou Tatéwaki,
envoyés de Kagosima, arrivèrent le 4 décembre
à la Capitale pour observer les événements.
Òkoubo demeurait à Kagosima, en communication avec les clans alliés. Le kougé Iwakoura
Tomomi, dans la retraite où il vivait depuis
1862, menacé plusieurs fois de mort par les rônin,
avait gardé contact avec les samourahi du Satsouma et était resté le centre d'un groupe.
Voyant la situation critique du Bakou-hou, il
demanda secrètement à rentrer à la Cour ; il s'entendit avec les kougé Òhara, Nakamikado et
une vingtaine d'autres, avertit de ses démarches
Saigô et Òkoubo ; le prince de Yamasina, le
prince de Ninnazi (plus tard prince de Komatsou) furent gagnés à ses idées ; le parti obtint
un premier décret où le châtiment du Nagato
était passé sous silence. Mais les amis du Bakou-
hou prirent l'éveil, bien que d'accord avec Iwakoura sur cette question spéciale ; en même
temps qu'ils assuraient le titre de Chôgoun à
Yosinobou, ils renforçaient la garde de soldats
d'Ahidzou et de Kouwana autour de la résidence
d'Iwakoura, condamnaient aux arrêts le prince
de Ninnazi et ses partisans, en impliquaient plusieurs dans une accusation de lèse-majesté.

Plus divisée que jamais, la Cour ne gardait quelque unité de direction que par des mesures de rigueur. Tout à coup, l'Empereur Kôméi mourut de la petite vérole le 30 janvier. Son successeur, l'Empereur encore régnant, avait moins de quinze ans ; le régent fut le prince Nidjô, partisan du chôgounat et appuyé d'une majorité de kougé. Yosinobou à juste titre espéra le triomphe de sa politique. Une orientation nouvelle fut, en effet, indiquée par des décrets de grâce rendus le 19 février en faveur de divers kougé, on prescrivit de dissoudre l'armée réunie contre le Nagato ; toutefois ce clan et ses princes restaient bannis de la Capitale, sous le coup des condamnations qu'il plairait à la Cour de prononcer ; les cinq kougé fugitifs, aussi bien qu'Iwakoura et ses amis, n'étaient relevés ni de leur disgrâce ni de leurs châtiments. Mais, depuis l'évolution du Satsouma et son alliance avec le Nagato, rien ne séparait les kougé amis de l'un et de l'autre clan, si ce n'est le souvenir du passé ; Nidjô et le Bakou-hou, placés entre ces deux groupes, méprisaient le danger. Un rapprochement s'opéra ; au mois d'avril, Iwakoura put quitter son refuge, rentrer à Kyôto, reprendre sa liberté d'action. Bientôt Sakamoto et Nakaoka s'entremirent entre Sandjô, résidant avec ses compagnons à Dazai-hou, et le parti d'Iwakoura ; une entente complète en résulta.

Le 6 mars, Komatsou Tatéwaki et Saigô, rentrèrent à Kagosima ; dans une réunion plénière du clan, il fut décidé d'affermir et d'étendre la ligue du sud-ouest, d'en appliquer les forces à la Restauration impériale ; Hisamitsou lui-même devait se rendre à la Capitale avec sept cents hommes. Pendant qu'Ôkoubo dirigeait les préparatifs, Saigô, Nakaoka, Mourata allèrent concerter l'action avec les seigneurs de Tosa, d'Ouwazima, de Nagato et des principaux clans de Kyouchou. Plusieurs daimyô se trouvèrent donc à Kyôto au début de juin ; le 6, une réunion fut tenue au palais d'Étsizen, où se rencontrèrent Matsoudahira Choungakou, Yamanooutsi Toyosigé (Yôdô), Daté Mounénari, Simadzou Hisamitsou. Ces seigneurs avaient amené leurs principaux kérai ; Ôkoubo assistait. L'assemblée fut d'accord pour recommander à la Cour de prendre la direction des affaires, de faire délibérer les daimyô sur la politique générale et sur la question du Nagato, de confier les charges à des hommes capables. Ces propositions furent rejetées par le régent Nidjô, la seule question pressante à ses yeux étant celle des relations étrangères et du port de Hyôgo : en effet, dès le mois d'avril, Yosinobou avait pris des engagements avec les ministres étrangers pour les concessions de Hyôgo et d'Ôsaka. Trouvant ces dispositions, Hisamitsou voulait s'abstenir de voir le Chôgoun, il s'y décida sur les instances du seigneur d'Étsizen et accompagna Matsoudahira, Yamanooutsi et Daté au château de Nidjô (16 juin). L'entrevue ayant eu un résultat négatif, les quatre seigneurs consignèrent leur opinion dans un mémoire (24 juin) : la seule question d'importance générale étant celle du Nagato, il fallait remettre à plus tard la décision relative à Hyôgo. D'ailleurs, les seigneurs ne désiraient pas que ce port, si proche d'Ôsaka, fût accessible aux étrangers dans les mêmes conditions que Nagasaki et Yokohama, avec les mêmes avantages pour le Bakou-hou. Convoqué à la Cour pour la délibération qui eut lieu le 25 juin, Hisamitsou se fit représenter par Komatsou Tatéwaki ; Nidjô et le Chôgoun l'emportèrent, un décret du 26 confia au Chôgoun le soin d'ouvrir le nouveau port et remit à sa mansuétude le Nagato et les Môri. Les quatre clans firent aussitôt une protestation qui ne fut pas prise en considération. Le Bakou-hou conservait sa prépondérance autour du Palais ; il avait su diviser les quatre daimyô alliés, rappeler à Étsizen les attaches de famille, à Tosa les liens de fidélité traditionnelle, ramener l'un et l'autre à la politique d'union de Kyôto avec Édo ; Daté avait pour la Restauration plus de bonne volonté que de soldats, Simadzou, étant seul, ne se sentait pas de force suffisante ; Ôkoubo et Saigô furent d'avis de remettre l'action. Le 29 juin, Tosa quitta la Capitale, malade et bien aise de se tirer d'une position fausse ; Étsizen s'éloigna bientôt. Simadzou et Daté essayèrent d'obtenir de la Cour un encouragement pour leurs plans, mais en vain : le

Palais ne s'écartait pas des inspirations de Yosinobou.

La situation ne pouvait se prolonger ; la ligue du sud-ouest devait acquérir de nouvelles forces, s'imposer aux hésitants, sous peine de voir le Bakou-hou, réparant ses désastres, rejeter pour longtemps la Restauration impériale. Ôkoubo, secondé par Saigô, se mit à l'œuvre sans retard. Au mois de juillet, il persuada à Hisamitsou, plus disposé à avoir de l'humeur qu'à prendre une décision nouvelle, de recevoir deux samou-rahi du Nagato et de les renvoyer avec un message près de leur maître : c'était presque une consécration officielle de l'alliance ; Simadzou s'éloignant de Kyôto au mois d'octobre, Ôkoubo et Saigô restèrent en arrière, chargés des intérêts du clan et libres d'agir.

Ôkoubo et Ôyama Tsounayosi, accompagnés par deux samourahi du Nagato, Sinagawa et Itô Hiroboumi, celui qui est devenu le marquis Itô après la guerre sino-japonaise, partirent le 12 octobre d'Ôsaka et, après avoir vu Kido et Hirosawa (Takasougi était mort peu auparavant), furent reçus le 15 par les seigneurs Môri ; dans une réunion générale du clan, présidée par ces princes, Ôkoubo exposa la nécessité d'agir rapidement. Kido et plusieurs autres se rangèrent à son avis ; on décida d'acheminer vers le port de Mitaziri, en Souô, des troupes et deux navires de guerre, pour les diriger le plus tôt possible sur Kyôto. Un protocole de la réunion

fut signé. Au retour, Òkoubo, déjà en rapports
avec le prince héritier d'Aki, passa par Hirosima et obtint la promesse de son concours
militaire ; il rentra ensuite à Kyôto, tandis
qu'Ôyama allait à Kagosima faire les préparatifs.
Le 3 novembre, le traité d'alliance des trois
clans, rédigé par Òkoubo, fut signé à la Capitale pour le Satsouma par Komatsou, Saigò et
Òkoubo, pour le Nagato par Hirosawa et Sinagawa, pour l'Aki par Tsoudzi, Ouéda et Térao.
Les clans alliés s'engageaient à défendre jusqu'à
la mort la cause impériale ; l'alliance fut immédiatement portée à la connaissance d'Iwakoura et
de ses amis. Ce parti avait dès lors un appui
assuré ; sans tarder, Iwakoura s'adressa secrètement à l'Empereur et obtint un décret et deux
ordres impériaux (8 novembre), qu'il communiqua
le lendemain à Òkoubo et à Hirosawa ; comme on
doutait de la fermeté du clan d'Aki, son représentant ne fut pas convoqué. Par une première
décision, les seigneurs de Nagato recouvraient
leurs rangs et titres avec le droit d'entrer à la
Capitale ; le décret, adressé aux seigneurs Môri
et aux seigneurs Simadzou, accusait Yosinobou
de désobéir à l'Empereur, de ruiner l'Empire,
prescrivait d'anéantir ce serviteur infidèle ; le
second ordre impérial comprenait dans cette
condamnation les seigneurs d'Ahidzou et de
Kouwana, complices de Yosinobou. Ces décrets,
suivant la coutume non signés de l'Empereur,
étaient contresignés par Nakayama Tadayosi,

Saga Sanénarou, Nakamikado Tsounéyouki, tous trois liés avec Iwakoura. Il est difficile de comprendre comment un changement politique aussi complet put être décidé par un Souverain de quinze ans, à l'insu du régent et de son parti.

Cependant l'exécution du protocole d'octobre était difficile ; les soldats du Satsouma n'arrivaient pas au rendez-vous de Mitaziri ; des courriers s'échangeaient sans résultat entre Yamagoutsi, Kagosima, Hirosima et Kyôto. Le 6 novembre, Saigô décida de se rendre à Kagosima pour presser l'envoi des troupes et la venue de Ilisamitsou ou de Tadayosi. Les ordres secrets du 8 novembre modifièrent ce projet ; le 12, Ôkoubo, Saigô et Hirosawa quittèrent la Capitale pour porter en Satsouma et en Nagato le décret de proscription des Tokougawa. A Mitaziri, on trouva trois bataillons du Satsouma, enfin arrivés ; Saigô les dirigea sur Kyôto et poursuivit sa route. Aussitôt débarqués (21 novembre), Ôkoubo et Saigô communiquèrent les décrets secrets aux deux seigneurs Simadzou ; mais l'opinion du clan était divisée, beaucoup tenaient encore pour l' « union » du Bakou-hou et de la Cour ; Ilisamitsou, malgré l'influence d'Ôkoubo, n'oubliait pas ses anciennes idées. Dans une assemblée tenue le 22, l'avis d'Ôkoubo l'emporta ; les seigneurs informés le lendemain, fixèrent au 8 décembre le départ de Tadayosi. Ce prince, en passant à Mitaziri, vit Môri Motonori, tandis que Saigô, avec les commandants de Nagato et

d'Aki, fixait les détails du débarquement et de
la marche sur Kyôto; Simadzou entra directement dans la Capitale (18 décembre); les troupes
du Nagato et de l'Aki se concentrèrent à Nisino-
miya, petit port situé en face d'Ôsaka (24 décembre). Ôkoubo regagna aussi Kyôto en passant
par Kôtsi, où il était allé demander le concours
du seigneur de Tosa. L'affaire ainsi engagée, il
faut le succès, les vaincus seront des rebelles.

Cependant une action parallèle, poursuivie
ouvertement par le clan de Tosa et le parti
d' « union des deux noblesses », gênait le développement de la conjuration dirigée par Ôkoubo
et Iwakoura. Les seigneurs de Tosa, Toyosigé
et Toyonori, avaient, dès 1865, proclamé la
nécessité des relations étrangères et d'un gouvernement à direction unique; leur maison, avec
leur clan, rêvait la soumission du Chôgoun à la
Cour, en même temps que la prépondérance du
Chôgoun parmi les daimyô; le théoricien du
clan, Gotô Chôzirô, prévoyait déjà l'organisation
de deux chambres délibérantes : les assemblées
chaque jour plus fréquentes des kérai dans les
clans, des daimyô et des kougé à Kyôto, achemi-
naient à ce mode de gouvernement. Le Tosa
n'entra donc pas dans l'alliance d'octobre; mais
le 30 du même mois, Yamanooutsi Toyosigé fit
présenter au Chôgoun une lettre où il exposait
ses plans; Gotô en avait au nom de son seigneur
entretenu Saigô; Ôkoubo aussi en était averti.
Ni l'un ni l'autre ne croyait à la stabilité d'un

gouvernement, si le Chôgoun n'était remis au
rang des autres daimyô ; ils ne changèrent donc
rien à leur plan de conduite. Yosinobou, voyant
l'exaltation des passions politiques et la difficulté
croissante de gouverner, fut frappé de la lettre
de Yamanooutsi; parmi ses conseillers, un bon
nombre ne croyait pas que la Cour consentît à
prendre le fardeau des affaires et était persuadé
qu'elle refuserait la démission du Chôgoun : le
pouvoir de celui-ci en serait affermi. Yosinobou
appela le 7 novembre Gotô, l'auteur du projet,
Komatsou, de Satsouma, et quelques autres ;
après un entretien où chacun de ces derniers,
avec des vues diverses, s'efforça de le confirmer
dans ses intentions, il remit sa démission à la
Cour, le 9, en insistant sur la nécessité d'un
gouvernement unique. Le 10, par des décrets
publics, la démission fut acceptée, l'expédition
des affaires fut confiée provisoirement à l'ex-
Chôgoun, les grands daimyô furent convoqués
pour délibérer.

Dès le 9, Ôkoubo avait fait présenter par
Komatsou un mémoire énumérant les questions
à étudier sans retard; les décrets n'étant pas
assez explicites et laissant trop de liberté d'action aux partisans des Tokougawa, ses amis et
lui partirent pour hâter les derniers préparatifs.
L'acceptation de la Cour surprit les partisans
du Bakou-hou, sans les décourager. A la tête
des modérés, on comptait les clans de Tosa et
d'Étsizen; Matsoudahira Choungakou arrivant

le 3 décembre à la Capitale, approuva immédiatement le plan de Yamanooutsi et s'efforça, d'accord avec Gotô, de faire donner à Yosinobou la présidence de l'assemblée convoquée ; leurs efforts trouvèrent l'appui de plusieurs clans, de l'Owari, de l'Aki, ainsi que de quelques serviteurs des Tokougawa et d'un grand nombre de kougé ; Nakayama et Saga même hésitaient. Mais, les daimyô les plus importants n'arrivant pas, l'assemblée ne pouvait être tenue. Ceux qui voulaient maintenir le pouvoir total des Tokougawa étaient nombreux ; à Kyôto, ils étaient représentés par les clans d'Ahidzou, de Kouwana, de Kii. A Édo, la nouvelle des décrets du 10 causa presque une émeute ; il fut décidé qu'on vivrait ou qu'on périrait avec les Tokougawa ; un ministre du Rôdjou dut partir pour la Capitale ; comme il tardait, attendant des renseignements de Kyôto, des sôsi forcèrent la porte de son hôtel ; il quitta Édo le 19 novembre. Le Bakouhou fit garder Édo par les houdai et les hatamoto ; il enrôla, de gré ou de force, tous les jeunes gens des familles vassales. Quelques samourahi du Kii provoquèrent (28 novembre) une réunion de tous les hatamoto et kérai des Tokougawa et de leurs vassaux, qui rédigèrent une déclaration de fidélité entière aux Tokougawa ; les houdai, le seigneur de Mito le premier, déclarèrent suivre Yosinobou et renoncer avec lui à leurs fiefs et à leur rang. En apprenant cette effervescence, la Cour prescrivit à Yosinobou de rappeler à ceux

qui l'oubliaient, la fidélité envers le Tennò et, au
besoin, de recourir aux armes des princes du
sud-ouest. Les partisans résolus du Bakou-hou
trouvaient en face d'eux, dans la Capitale, des
loyalistes ardents, mais sans chefs influents,
puisque Òkoubo, Saigò et leurs amis étaient
absents ; néanmoins aux inquiétudes d'Iwakoura,
Idzitsi répondit qu'il avait huit cents hommes
de Satsouma décidés à défendre l'Empereur
jusqu'à la mort. Les clans de Kii, d'Ahidzou, de
Kouwana parlaient d'appeler les troupes de Édo,
de brûler le yasiki de Satsouma, d'attaquer le
Palais ; le 10 décembre, ils assassinèrent Sakamoto Ryouma et Nakaoka Sintarò.

Avec l'arrivée d'Òkoubo, puis (18 décembre)
du seigneur de Satsouma qu'accompagnaient
Saigò et un millier d'hommes, les forces des
partis extrêmes furent moins disproportionnées ;
les loyalistes recommencèrent aussitôt de préparer
en secret la proscription des Tokougawa. A l'insti-
gation d'Iwakoura, Òkoubo, Saigò, Idzitsi provoquèrent une réunion de samourahi loyalistes
(29 décembre) ; une déclaration fut rédigée, pro-
testant contre le plan de Gotò et démontrant
que la Restauration ne saurait être une réalité si
Yosinobou conservait un rôle prééminent dans
l'État. Cette déclaration, remise par Òkoubo à
Iwakoura et montrée par ce dernier à Nakayama,
Saga et Nakamikado, les décida à l'action ; le
jour fixé fut le 2 janvier (1868). Il s'agissait,
gardant jusqu'au dernier moment le secret à

l'égard du kwambakou et de la Cour, d'obtenir
des décrets publiés soudainement pour confirmer
et développer les ordres secrets du 8 novembre ;
il fallait avoir à la même heure des troupes tout
autour du Palais. Gotô, bien que d'avis différent au sujet du Bakou-hou, était d'accord avec
Ôkoubo et Saigô sur les principes de la réforme ;
il obtint que la proclamation impériale fût remise
au 3, son seigneur, Yamanooutsi, devant être
alors arrivé à Kyôto. Le 2, les karô et les principaux kérai d'Étsizen, de Satsouma, de Tosa,
d'Aki, d'Owari furent informés des postes situés
à l'intérieur et à l'extérieur du Palais et que leurs
troupes devaient occuper le lendemain à cinq
heures du matin. Le 3, comme les ministres
se retiraient après le conseil du matin, Nakayama,
Saga et Nakamikado restèrent seuls près du
Souverain. L'ordre fut aussitôt scellé, transmis
et exécuté de remettre aux cinq clans la garde
du Palais, de convoquer à la Cour les princes
d'Arisougawa, de Ninnazi, de Yamasina, Iwakoura et la plupart des kougé, les seigneurs des
cinq clans avec leurs officiers. En même temps,
les seigneurs de Nagato étaient appelés à la Capitale et restitués dans leurs honneurs, le clan d'Aki
était chargé de leur communiquer ce décret ;
tous les kougé punis précédemment étaient graciés ; en particulier, Sandjô et ses compagnons
étaient rappelés ; au contraire, le prince de
Kouni (précédemment de Nakagawa), les fonctionnaires de la Cour pendant les dernières années,

Nidjò, Koudjò, les deux Konoé, Takatsoukasa avec quelques autres, en tout une vingtaine, étaient condamnés aux arrêts. Après ces ordres préliminaires, la proclamation impériale fut publiée : elle rappelait les troubles des dernières années qui avaient attristé la fin de l'Empereur Kòméi, invitait les kougé et daimyò à coopérer au gouvernement et, remontant aux souvenirs de Zinmou, fondateur de la monarchie, abolissait les offices de régent, de kwambakou, de Chògoun, réorganisait le Dadjòkwan avec les charges de premier ministre, conseillers, conseillers-adjoints. Des titulaires furent nommés : le prince d'Arisougawa comme premier ministre, parmi les conseillers Nakayama, Saga, Nakamikado, les seigneurs d'Owari, d'Étsizen, d'Aki, de Tosa, de Satsouma ; parmi les conseillers-adjoints Òhara, Iwakoura, trois samourahi de chacun des cinq clans.

Le coup d'état s'était fait avec précision : Iwakoura, Òkoubo, Saigò l'avaient mené à bonne fin. La révolution commençait : on avait aboli des charges vieilles de dix siècles, il fallait décider de Yosinobou. Le soir du 3 janvier, une réunion des princes, des kougé, des daimyò et de leurs conseillers fut tenue dans le Palais sous la présidence de l'Empereur en personne ; Saigò assista au début, puis sortit appelé par ses devoirs de commandant de la garde. Le seigneur de Tosa rappela les services rendus à l'Empire par toute la dynastie des Tokougawa, la

prudence reconnue de Yosinobou ; il demanda
que l'ex-Chôgoun fût appelé à siéger et consulté
sur les réformes. Matsoudahira, d'Étsizen, ap-
puya cet avis, contre lequel Iwakoura s'éleva
énergiquement : on ne saurait, disait-il, oublier
les bienfaits de Ihéyasou, mais ses successeurs,
surtout les derniers, n'avaient usé de leur autorité que pour abaisser la maison impériale, désobéir à l'Empereur, emprisonner les kougé, tyran-
niser les daimyô, mettre à mort les samourahi
loyalistes, amonceler les ruines ; Yosinobou parlait d'abandonner ses charges, de remettre à
l'Empereur ses territoires et ses sujets, mais il
ne donnait que des paroles artificieuses et tâchait
de garder la réalité du pouvoir. Après Simadzou
Tadayosi qui soutint Iwakoura, Òkoubo s'avança
et dit : « Nous avons entendu le langage de Tosa
et d'Étsizen, mais nous ne savons pas les intentions de Tokougawa Yosinobou. Laissons les
paroles vaines ; il sera jugé d'après sa soumission aux ordres du Tennò ; selon ses actes, la
Cour agira avec lui. » La séance devenant con-
fuse, la réunion se sépara pour quelques instants ; dans la salle où ils s'étaient retirés, Òkoubo
et Gotò continuaient de discuter sans se convaincre ; Iwakoura intervint et, montrant un
poignard caché dans son sein : « Si Tosa et les
siens s'en tiennent à leur avis, ceci, dit-il, tran-
chera la question en un moment. » Devant sa réso
lution, les opposants s'inclinèrent : la séance
reprise, les seigneurs d'Owari et d'Étsizen furent

chargés de porter à Yosinobou, leur parent, les ordres de la Cour. La résignation de l'ex-Chôgoun, la remise de ses sujets et de ses terres étaient définitivement acceptées.

Le matin du 3, en recevant l'ordre qui les relevait de la garde du Palais, les troupes d'Ahidzou et de Kouwana s'étaient retirées vers leurs quartiers, aux alentours du château de Nidjô où rien n'était prévu. Les seigneurs de Kouwana et d'Ahidzou étaient furieux de l'insulte reçue, mécontents de voir dès le lendemain (4 janvier) les forces du Nagato entrer en ville et recevoir des postes à défendre dans l'enceinte impériale ; eux deux et le conseiller Itakoura excitaient Yosinobou à la résistance. Celui-ci, aux seigneurs d'Owari et d'Étsizen, (4 janvier), demanda du temps pour répondre, voulant d'abord calmer ses hatamoto, éviter une collision, un manque de respect à l'Empereur. Les pourparlers traînaient ; Yosinobou renonçait à ses fonctions, mais, comme héritier et suzerain, il ne voulait abandonner ni le patrimoine ni les vassaux des Tokougawa ; il oubliait que ses défaites par le Nagato, que l'offre de sa démission ne laissaient pas la situation entière ; voyant le mauvais succès de la démarche conseillée par Yamanooutsi, il se méfiait des dispositions de la Cour, tenait pour traîtres les clans d'Owari, d'Étsizen, de Tosa. Ceux-ci, cependant, travaillaient pour lui ; dans d'orageuses discussions à la Cour, ils cherchaient à déplacer la majorité

en écartant les conseillers-adjoints, à diminuer la
portée des décrets du 3 en modifiant le texte ;
les princes et les kougé pour la plupart résis-
taient, le poids de la lutte portait surtout sur
Iwakoura, efficacement soutenu par Òkoubo et
Saigò ; ceux-ci, convaincus de la duplicité de
Yosinobou et du Bakou-hou, multipliaient les
placets qui agissaient sur l'esprit de la Cour. Le
6 janvier au soir, Yosinobou avait quitté le château de Nidjò pour celui d'Òsaka, laissant une
protestation, où il se fondait sur la jeunesse du
Souverain, sur le caractère révolutionnaire des
faits du 3 janvier, sur l'opposition des mesures
prises avec les actes de l'Empereur Kòméi et
avec la constitution traditionnelle de l'Empire.
Les clans de Kouwana et d'Ahidzou, ayant suivi
l'ex-Chôgoun, furent dès lors bannis de la Capitale. A Òsaka, Yosinobou avait peu à peu appris
les dissentiments de la Cour, l'envoi par le Ròdjou
des contingents des houdai, la protestation pré-
sentée par le Kaga, par Sendai et par un grand
nombre d'autres clans qui demandaient que la
décision fût remise à l'assemblée des daimyô ;
le 12 janvier, il fit parvenir un rapport où, répé-
tant solennellement sa lettre du 6, il déclarait
s'en tenir aux décrets publics de novembre et
attendre l'assemblée plénière des daimyô. En
même temps, moins ostensiblement, il négociait
avec les représentants d'Owari, d'Étsizen, d'Aki,
de Tosa, qui voulaient le décider à venir à
Kyôto sous la garde des troupes de l'Owari et de

l'Étsizen : il se serait présenté à la Cour et, après cette soumission, aurait pris place dans les nouveaux conseils. Mais l'ex-Chôgoun et son entourage, belliqueux, entendaient reconquérir tous les privilèges du Bakou-hou et châtier les deux clans rebelles, le Satsouma et le Nagato, mauvais conseillers du Souverain ; ils occupaient plus fortement de jour en jour Ôsaka et ses approches. Ôkoubo et Saigô, informés de la concentration des troupes, savaient qu'ils ne pouvaient compter que sur les forces du Satsouma et du Nagato ; avec leurs quelques bataillons, ils faisaient garder les routes vers Housimi et vers Yamazaki.

Cependant, à partir du 14, les clans de l'ouest et ceux du Kinaï commencèrent de manifester leur adhésion à la nouvelle politique. Le 18, l'énergie d'Iwakoura, d'Ôkoubo et de Saigô fit rédiger un ultimatum où, en termes adoucis, pour satisfaire Tosa, la Cour exigeait la remise de toutes les charges, de tous les domaines de Yosinobou ; l'ultimatum fut porté le 19 par les seigneurs d'Owari et d'Étsizen, la réponse fut exigée pour le 25 au plus tard. Le parti d'Iwakoura et d'Ôkoubo se fortifia des cinq kougé fugitifs qui rentrèrent à Kyôto le 21 ; Sandjô fut nommé conseiller, les quatre autres, ainsi que plusieurs samouraï appelés du Satsouma et du Nagato, furent conseillers-adjoints. Le même jour, avait lieu sous les yeux de l'Empereur une revue des forces du Satsouma, du Nagato, du

Tosa, de l'Aki : cette manifestation organisée par Saigô, spectacle inconnu de cette Cour pacifique, eut pour effet de rassurer les kougé et d'inspirer aux soldats à l'égard du Souverain un enthousiasme accru. Tandis que, dans une nouvelle lettre (22 janvier), Yosinobou déclarait s'en tenir au mémoire du 12, les seigneurs d'Owari et d'Étsizen annonçaient en son nom (25 janvier) qu'il se soumettait. Mais le Bakou-hou avait déjà ouvert les hostilités contre le Satsouma à Édo le 19, en rade de Hyôgo le 26; le 26, il lança un manifeste contre ce clan; l'attaque de la Capitale était commandée pour le 28 et réglée dans tous les détails. Le choc eut lieu à Housimi et à Toba (27 janvier); tandis que la canonnade ébranlait le Palais sacré, la Cour délibérait, se rangeait à l'avis d'Iwakoura, investissait du commandement en chef le prince de Ninnazi. Repoussée, l'armée chôgounale fut délogée de Yodo le 29 ; les clans fidèles aux Tokougawa, Kii, Hikoné et autres, déjà ébranlés, voyant alors de quel côté était la rébellion, commencèrent d'ouvrir les barrières, de remettre leurs postes à l'armée loyaliste; le 3 février, le prince de Ninnazi entra à Ôsaka, tandis que la poudrière et une partie du château étaient la proie des flammes; le même jour, des décrets furent promulgués, privant Tokougawa Yosinobou et ses adhérents de leurs dignités et faisant appel aux clans pour les combattre. Dès le 31 janvier, Yosinobou avec ses conseillers Itakoura et Ogasawara, avec les seigneurs d'Ahi-

dzou et de Kouwana, s'était réfugié incognito sur
un bâtiment américain en rade d'Ôsaka et, passant de là sur un navire qu'Énomoto ramenait
de Hollande pour le Bakou-hou, il avait regagné
Édo.

Ôkoubo enfant était le chef de la « ligue impériale » ; homme, il avait plus que personne contribué au succès des loyalistes ; d'abord, partisan
avec Nariaki de l' « union des deux noblesses »,
il avait discerné l'impossibilité de réformer le
Bakou-hou, avait adopté les idées plus radicales
de Saigô, mis à leur service son grand sens pratique. Lui, petit samourahi de Satsouma, il avait
avec les kougé et les daimyô siégé en conseil
devant la face de l'Empereur ; tenu d'abord à
l'écart pour ses idées radicales, il est à partir du
27 janvier courtisé par les kougé et les autres
conseillers qui admirent sa prévoyance, son
énergie. Conseiller-adjoint, ainsi que Saigô, à
partir du 4 janvier, il n'a plus d'autre maître que
le Tennô et il va consacrer à la construction du
nouveau régime toute sa perspicacité, toute sa
ténacité, tout son génie.

IV

LA CONSTRUCTION DU JAPON NOUVEAU (1868-1871)

L'armée du Bakou-hou, samourahi dès Tokougawa, d'Ahidzou, de Kouwana, s'était enfuie
vers l'est; dix mille hommes avaient reculé
devant les quinze cents loyalistes du Satsouma
et du Nagato. Les autres clans ne pouvaient
croire définitivement tombée la puissance quasi
souveraine des Chôgoun; ils ne se souciaient
guère de voir un Chôgoun de Kagosima remplacer un Chôgoun de Édo. Peu à peu, toutefois, les
Simadzou ne dévoilant aucun dessein ambitieux,
les Tokougawa retirés au Kwantô ne reprenant
pas l'offensive, il sembla plus politique d'obéir
à l'impulsion des loyalistes; tous les clans de
l'ouest et du centre répondirent les uns après les
autres à l'appel de la Cour. Les kougé envoyés
comme gouverneurs à Nagasaki, en Yamato, à
Ôsaka, se substituèrent sans peine aux représentants du Bakou-hou. Vers la fin de février,
la tranquillité étant assurée à l'ouest de Hakoné,
un décret (25 février), inspiré par Iwakoura,
Ôkoubo et Saigô, invita les clans à marcher
contre Édo; le 8 mars, l'Empereur ayant remis au

commandant en chef, prince d'Arisougawa, la bannière de brocart et le sabre, l'« armée du châtiment » s'avança vers le Kwantô. Le commandement supérieur était confié au prince et à des kougé, le rôle actif dans l'état-major incombait aux officiers des clans du sud, d'abord à Saigô, Kaiéda, Idzitsi ; les troupes, fournies par le bon vouloir d'une vingtaine de clans, Satsouma et Nagato, puis Inaba, Aki, Tosa, Hizen et autres, étaient disparates d'armement, d'instruction. A la Capitale, les grands daimyô, unanimes dans leur dévouement loyaliste, s'accordaient difficilement sur la politique intérieure ; Iwakoura devait les diriger, les exciter ; ils s'entendaient mieux dans leur jalousie contre le Satsouma, si bien que Simadzou Tadayosi résigna (11 février) la présidence du Conseil de la Guerre et que Saigô fut sur le point de le suivre dans une demi-retraite. La Cour, groupée autour du Palais sacré, était comme caste plus puissante que jamais, mais plus que jamais incapable d'action ; l'effort des dernières semaines contre les dominateurs d'hier, les rebelles d'aujourd'hui, avait brisé les cadres de l'administration impériale ; d'ailleurs les ressources pécuniaires du Palais et de toute la Cour étaient celles de particuliers, non pas d'un gouvernement. L'Empereur n'avait pas d'administration, l'Empereur n'avait pas de finances, l'Empereur n'avait pas d'armée : l'Empereur n'avait que son nom.

C'est en raison de ce nom sacré que les daimyô

prêtent leurs troupes au Tennô, lui cèdent leurs
serviteurs les plus distingués, pour qu'il puisse
partout reprendre la gestion de son patrimoine
longtemps confié aux Tokougawa. L'organisation
du 3 janvier est provisoire : au Dadjôkwan,
Grand Conseil, sont portées toutes les affaires,
elles sont étudiées par les conseillers-adjoints
(sanyo), soumises aux conseillers (gidjô) qui
décident sous la présidence du premier ministre
(sôsai). Il faut mettre de l'ordre dans cette con-
fusion ; on accentue la séparation entre conseillers
et conseillers-adjoints ; ceux-ci forment un bu-
reau subalterne, de service chaque jour, en per-
manence même à la fin de janvier et au début de
février ; les premiers ne s'assemblent que sur
convocation. Avec cette division hiérarchique,
on en combine une autre, organique (10 février) ;
le Dadjôkwan, tout en conservant son unité,
est partagé en Conseils du Cabinet, de la Religion
d'État, des Affaires intérieures, des Affaires
étrangères, de la Guerre, des Finances, de la
Justice, de la Législation ; les décisions, pré-
parées dans chaque Conseil, sont prises et
promulguées par le Dadjôkwan ; même quand
aux Conseils ont été substitués (15 août 1869)
des Ministères, plutôt que des organes indépendants ils sont des émanations du Dadjôkwan ; à travers les réformes, ce système dure
tant que subsiste le Dadjôkwan, jusqu'en 1885 ;
de là résulte une forte centralisation, le dernier
mot restant toujours aux ministres présidents.

Le prince d'Arisougawa appelé à d'autres charges (mai 1868), la présidence échoit aux vice-présidents, Sandjô et Iwakoura; sous divers titres, ils gardent ces fonctions jusqu'en 1885, formant avec l'Empereur une sorte de conseil suprême. Au-dessous des premiers ministres, on trouve d'abord, comme conseillers, des princes, des kougé, Nakayama, Saga, Nakamikado, Konoé, marquants parmi les impérialistes, des daimyô Simadzou, Tokougawa d'Owari, Yamanooutsi, Matsoudahira d'Étsizen, Daté d'Ouwazima, Môri tout dévoués au Tennô; comme conseillers-adjoints, des kougé encore et des samourahi, artisans de la Restauration, parmi ces derniers Ôkoubo, Saigô, Kido, Gotô, Hirozawa, et aussi Térasima, Itô Hiroboumi, Inoouhé Kahorou, plus tard ministres et chefs politiques. Le Dadjôkwan s'ouvre aux trois classes qui ont concouru à la Restauration et d'abord met chacun à sa place hiérarchique; les kougé et quelques daimyô président les Conseils, aucun chef de clan ne descend au-dessous du rang de conseiller, aucun samourahi ne dépasse celui de conseiller-adjoint. Mais on a déclaré que les fonctions seront données au mérite; bientôt la capacité confond les rangs. A partir de 1871 et 1872, tous les ministres sont d'anciens samourahi; Ôkoubo, l'un des premiers, atteint ce titre. Des seigneurs, Daté Mounénari est le dernier à tenir un poste important, en 1871; Yamanooutsi Toyosigé, daimyô de grande valeur, meurt en 1872; seul,

Simadzou Hisamitsou est encore destiné à jouer un rôle; tous les autres, avant Daté et Yamanooutsi, ont disparu de la scène, laissant la place aux fils de ces karô, de ces kérai, qui pensaient pour eux depuis tant de générations. Les kougé, habitués à l'activité par la pauvreté et les intrigues de Cour, résistent mieux au nouveau régime; sans parler des plus grands, Sandjô et Iwakoura, ni des princes qui tiennent leur rang dans l'armée, Koudjô préside les censeurs jusqu'à leur abolition (1871), Sawa, l'un des fugitifs de 1864, est apprécié à la même époque aux Affaires étrangères, Saga est au Dadjôkwan en 1871 avec le même titre qu'Iwakoura, d'autres continuent de remplir des charges en vue. Mais la Restauration est le régime des samourahi, si bien qu'au Dadjôkwan, les anciens conseillers daimyô, les gidjô, disparaissent : en 1871, les présidents n'ont au-dessous d'eux que les sangi, les anciens sanyo, devenus conseillers délibérants; quelques-uns de ceux-ci sont ministres : tous sont des samourahi. Des samourahi encore remplissent les postes principaux, les missions importantes.

Par sa naissance, chacun de ces hommes était membre d'un clan, sujet d'un seigneur; par la désignation impériale, il sort du clan et n'est soumis qu'au Tennô. Divers décrets (10 et 17 février, 5 mars) décident que les samourahi seront appelés au service impérial après un vote du Conseil; ces tchôsi seront assimilés aux fonc-

tionnaires de la Cour, déliés de toute attache à
leur clan. Cette mesure est indispensable ; en cas
de conflit, les tchôsi sauront où est leur devoir.
Ôkoubo, impérialiste de longue date, devient
ainsi expressément un sujet de l'Empire, un
Japonais moderne ; d'autres ne s'élèveront pas à
cette idée nouvelle. Déjà on avait rencontré un
autre obstacle, les clans ne voulant pas céder
tous leurs bons serviteurs. A la fin de 1868,
pour ce motif, Ilisamitsou tenta de rappeler
Ôkoubo ; celui-ci rentra, en effet, en mars 1869,
mais dans la suite de l'envoyé qui portait aux seigneurs de Satsouma les remerciements de l'Empereur : après avoir prêté son aide au gouvernement du clan pour les réformes locales, il reprit
au mois d'avril son poste à la Cour.

Avant tout, le nouveau gouvernement chercha
à appliquer à son profit les lois du Bakou-hou.
Il fallait régulariser la participation des clans
dans l'entretien de l'armée ; une ordonnance du
Chôgoun, de 1865, fut reprise et complétée par
le Dadjôkwan (11 mai, 14 juin, 19 juin 1868) :
chaque clan dut fournir par dix mille kokou de
revenu dix hommes équipés et un versement
annuel de trois cents ryô d'or[1]. Des ordonnances
maintinrent les impôts et une partie des allocations
des fonctionnaires au taux et au montant usuels.
Les territoires impériaux et ceux du Chôgoun, au

---

1. Le ryô d'or valait, d'après Hoffmann, 60 mommé d'argent, soit $3^{gr},7565 \times 60 = 225^{gr},39$.

fur et à mesure de la pacification, furent confiés à des fonctionnaires semblables aux intendants du Bakou-hou ; les premiers de ces préfets furent choisis dans le Dadjôkwan (à partir du 11 juin). Le gouvernement entendait, en effet, administrer le pays par des agents personnellement nommés et révocables ; il ne voulait pas qu'une nouvelle féodalité s'interposât entre l'Empereur et le peuple. L'unité et les droits du peuple en face de l'Empereur : tel est l'axiome de la politique nouvelle. Le Tennô consacre cette « révolution inouïe au Japon » ; le 6 avril, il se rend au Dadjôkwan ; en présence des princes, des kougé, des daimyô, du gouvernement entier, il prononce un serment en face des dieux du ciel et de la terre : rechercher les hommes capables, supprimer les abus, laisser chacun, sans distinction de classe, libre de vivre à son gré, unifier la nation sous les mêmes principes d'ordre, gouverner d'après l'opinion publique, sont les cinq articles de la constitution octroyée.

Ôkoubo, conseiller écouté d'Iwakoura, membre adjoint du Conseil de l'Intérieur, a eu part à ces mesures. Avec ses alliés du 3 janvier, il avait le jour même provoqué un décret contre les femmes du Palais qui, ainsi que cela s'est vu souvent, se mêleraient d'intrigues politiques. Mais il a fait davantage ; il veut que le Tennô sorte de ce Palais nommé « la demeure plus haute que les nuages, qu'il foule le même sol que son peuple ; n'en est-il pas le père et la

mère ? tous les maux du moyen-âge sont nés de
l'abîme qui sépare le Souverain du peuple. Il
faut imiter l'antiquité nationale et les pays
étrangers. Les abus subsistent non pour des
raisons sérieuses, mais par les circonstances
ambiantes ; si l'on veut réformer, il faut trans-
férer la Capitale. » Après la retraite de l'armée
chôgounale, Ôkoubo a proposé au prince d'Arisougawa un séjour temporaire de l'Empereur à
Ôsaka ; une partie de la Cour, soupçonnant le
Satsouma et le Nagato de vouloir s'emparer de
la personne impériale, s'est opposée au projet.
Mais Ôkoubo ne renonce pas à son idée ; le
16 février, il l'expose dans un mémoire : « l'Empereur, restant enfermé dans la routine de Kyôto,
ne pourra ni profiter de la défaite des rebelles, ni
organiser l'État, ni établir des relations satisfai-
santes avec l'étranger. Ôsaka, ville maritime,
riche et commerçante, située au cœur du pays,
est un lieu unique pour le développement diplomatique, militaire et naval, économique de l'État.
L'Empereur doit s'y transporter pour quelque
temps et craindre, s'il tarde, de perdre l'occasion d'inaugurer les réformes indispensables. »
Deux mois plus tard, le nouveau gouvernement
commençant d'être assis, l'Empereur suivi d'une
foule de kougé et de daimyô, descendit à Ôsaka
(13 avril); Iwakoura restait à Kyôto pour l'expédition des affaires. Peu après, Ôkoubo, le bras
droit d'Iwakoura, fut appelé pour fournir des
renseignements à l'Empereur : c'était la première

audience spéciale donnée à un simple samourahi.
La Cour rentra le 29 mai : depuis cinq siècles,
aucun Empereur ne s'était tant éloigné, ni si
longtemps, de la Capitale.

C'est lors du départ et du retour de la Cour
que Saigô revint deux fois de l'est pour le règlement des affaires des Tokougawa. Saigô faisait
partie de l'état-major du prince d'Arisougawa ;
Ôkoubo, désigné aussi pour accompagner l'expédition, avait été retenu par Iwakoura. En arrivant à Édo, Yosinobou avait trouvé sa capitale
désertée par la plupart des houdai ; il avait donc
pris ses chefs de service parmi les hatamoto,
mettant à l'armée Katsou Awa, à la marine
Énomoto Takéaki; cette révolution dans le Rôdjou, substituait des éléments actifs et progressistes aux conseillers conservateurs et hésitants ;
faite dix ans plus tôt, elle eût épargné bien des
vies et des richesses sacrifiées dans la guerre
civile. Katsou avait été traité en suspect comme
impérialiste ; fidèle à son suzerain et sans cesser
de préparer la défense de Édo, il condamnait
la résistance à l'Empereur; dans une lettre écrite
alors, il déplorait la répression des cipayes,
la rébellion des Thai-phing, l'extension de
la puissance occidentale; « un succès du Bakou-
hou contre la Cour déchirerait l'Empire et
nous livrerait à l'Europe et à l'Amérique. »
Clairvoyant et mobile, Yosinobou fut touché de
ces vues. Revenant d'un coup au loyalisme tra-
ditionnel de la maison de Mito, aux idées pro-

gressistes de sa jeunesse, il écrit une lettre
pour se remettre avec ses sujets à la clémence
impériale ; puis il va s'enfermer à Ouhéno, près
des tombeaux de ses ancêtres (5 mars). C'est alors
entre Édo, les avant-postes impérialistes autour
de la ville et le camp du prince d'Arisougawa, à
Sidzouoka, un échange de messages : les veuves
des derniers Chôgoun, l'une tante de l'Empereur,
l'autre sœur du seigneur de Satsouma, le prince
de Rinnôzi, de la maison impériale, abbé d'une
bonzerie d'Ouhéno, (depuis 1872, prince de Kita-
sirakawa), implorent pour le rebelle repentant.
Katsou Awa veille à la garde de Édo, mais il
veut écarter et la résistance à l'armée du Tennô
et l'attaque de la ville, riche, peuplée, aux vastes
faubourgs indéfendables ; ses relations de confiance réciproque avec Saigô le servent pour
discuter la capitulation. A propos de Yosinobou,
on ne peut s'entendre, les impérialistes voulant
le remettre à la garde du clan de Bizen, tandis
que l'honneur défend aux vassaux de livrer leur
ancien maitre. Lasse d'attendre, l'armée impériale fixe l'attaque au 7 avril. Katsou ni Saigô
ne se rebutent ; ce dernier, de sa seule autorité,
ordonne de suspendre, puis il obtient l'approbation du commandant en chef et part pour Kyôto
où il arrive le 12 ; le Dadjôkwan rend une ordonnance conforme à ses vues et, le 26, deux envoyés
remettent à Tayasou et à Ilitotsoubasi, de la
maison des Tokougawa, le texte du décret impérial : en souvenir des anciens Chôgoun et des

princes de Mito, Yosinobou sera épargné et devra vivre dans la retraite à Mito ; la ville, les navires de guerre, les armes seront livrés au prince d'Arisougawa, l'Empereur usera de la plus large clémence envers les serviteurs des Tokougawa. Le 3 mai, la capitale des Chôgoun est remise à l'armée impériale ; le jour même, Yosinobou s'achemine vers Mito ; le 7, le prince d'Arisougawa transporte son quartier général au temple de Zôdjôzi, à Siba, dans le faubourg occidental de Édo. Tout s'est fait sans effusion de sang.

Il faut régler le sort de tous les vassaux des Tokougawa et de cette maison même : il n'y aura pas auparavant de vraie pacification du Kwantô. Pour cette question, Saigô retourne dans l'ouest. A Ôsaka où il débarque, il s'entend avec Ôkoubo, Kido, Komatsou, puis remonte à Kyôto. Le 31 mai, après assemblée du Dadjôkwan, on décide que des domaines représentant sept cent mille kokou seront concédés à l'héritier des Tokougawa, dans les provinces de Sourouga et de Tôtômi ; la mesure n'est pas rendue publique, Sandjô est seulement envoyé au Kwantô avec le titre d'inspecteur et les pouvoirs pour régler les questions pendantes. Sandjô, accompagné de Saigô, débarque le 13 juin à Sinagawa et entre le jour même à Édo. Ôkoubo lui est adjoint pour organiser l'administration et arrive un peu plus tard à son poste.

La ville, occupée par les troupes impériales, gardait ses officiers municipaux du régime pré-

cédent ; un grand nombre de rônin, des samourahi sujets des Tokougawa et des clans alliés,
erraient encore dans les faubourgs, insultaient,
frappaient, assassinaient les soldats impériaux,
quand ils les trouvaient isolés ; ils se réunissaient
à Ouhéno et prétendaient défendre les tombeaux
des Chôgoun contre une profanation, qui était
bien loin des sentiments de l'armée loyaliste ;
ils entouraient la résidence du prince de Rinnôzi,
voulaient le mettre à leur tête et l'opposer à
l'Empereur. Katsou Awa n'ayant pas réussi à les
disperser, Saigô et les autres chefs durent recourir à la force : le 4 juillet, après une lutte
où furent incendiés les temples d'Ouhéno, les
troupes du Satsouma, du Hizen et d'autres clans
s'emparèrent de la position. Un bon nombre des
rebelles s'enfuit vers le nord. Le seigneur
d'Ahidzou avec ses samourahi s'était, après la
soumission de Yosinobou, retiré dans ses domaines ; des bandes commandées par des hatamoto, repoussées de Édo, rejoignirent peu à peu
les troupes du nord. A Sendai, le parti loyaliste
fut renversé et une alliance se noua entre les
clans de Sendai, Yonézawa, Ahidzou, une quinzaine d'autres moins importants (mai, juin). Le
prince de Rinnôzi, en juillet, fut mené à Sendai ;
sa présence semblait légitimer la révolte. Les
rebelles, d'ailleurs, disaient combattre non l'Empereur, mais les seigneurs méridionaux maîtres
de sa personne, aussi bien que Saigô Takamori ;
le rôle de ce dernier portait ombrage à plus d'un

daimyô, à plus d'un kougé ; on pensait qu'il allait se faire nommer chef du gouvernement, peut-être se mettre à la place du Chôgoun. En août, la lutte devint vive ; malgré la correcte attitude de Yosinobou, on crut bon de l'éloigner du théâtre de la guerre ; il fut tranféré à Sidzouoka (31 août), où il a vécu depuis lors. Après plusieurs échecs des impérialistes, Yonézawa se soumit aux troupes de renfort de Saigô ; Wakamatsou, capitale d'Ahidzou, ouvrit ses portes aux samourahi de Yonézawa (6 novembre) ; les autres clans rentrèrent dans le devoir peu de jours après. A la fin de novembre, sa mission remplie, le prince d'Arisougawa put remettre au Tennô la bannière et le sabre reçus au début de l'année.

Il restait encore des partisans aux Tokougawa. Le commandant Énomoto Takéaki, avec quelques vaisseaux du Bakou-hou, avait tout d'un coup quitté Sinagawa (10 octobre) ; après la soumission de Sendai, il recueillit plusieurs chefs avec leurs soldats ; parmi eux, Ôtori Kéisouké, depuis ministre en Chine et en Corée. A la tête d'environ deux mille hommes, Énomoto passa à Hakodaté, déclarant que lui et les siens voulaient coloniser le pays, en faire une marche de l'Empire, sous l'autorité d'un Tokougawa. Ils s'établirent à Hakodaté, Matsoumahé et dans les environs, organisant en Ézo un état régulier. Au printemps (1869), les troupes impériales eurent peu de peine à soumettre les rebelles, résistant vaillam-

ment, mais dépourvus de ressources: Énomoto
se rendit le 27 juin.

Les derniers défenseurs des Tokougawa étaient
soumis ; le but était atteint qu'Òkoubo et Saigò
s'étaient marqué. Encore au printemps de 1869,
craignant que son œuvre fût compromise par
les rebelles de Ézo, Saigò avait une fois de plus
quitté Kagosima avec des troupes ; il était arrivé
sur le théâtre de la guerre sept jours après la
soumission de Énomoto. Dans toutes les opérations militaires depuis le début de 1868, il avait
joué un rôle hors de pair, attirant par sa fermeté, sa droiture, son sens chevaleresque de
l'humanité et de l'honneur, le respect, l'admiration, le dévouement des clans du nord autant
que des samourahi loyalistes. Il était devenu
l'homme le plus populaire de l'Empire ; il quitta
tout et rentra à Kagosima avant la fin de juillet ;
fut-ce par lassitude des affaires, ou par ambition
déçue ? ne trouvait-il pas sa place dans le calme
renaissant ?

Sandjò et Òkoubo, après comme avant l'émeute
d'Ouhéno, n'avaient cherché que l'apaisement.
Les hatamoto furent assimilés aux fonctionnaires
de la Cour et reçurent leurs allocations en nature,
comme par le passé (décrets des 22 et 28 juin,
4 juillet, 19 juillet) Tayasou Kaménosouké
(Ihésato), proche parent des Chògoun, fut désigné comme héritier de Yosinobou et chef des
Tokougawa ; le décret, communiqué le 19 juin
aux intéressés, fut publié le 12 juillet. Quelques

jours plus tard (19 juillet), la province entière
de Sourouga, avec divers territoires en Tôtômi
et en Moutsou pour parfaire un revenu de sept
cent mille kokou, fut constituée en fief pour l'héritier des Chôgoun ; ce n'était plus la splendeur
des grands Tokougawa, c'était un revenu égal à
celui des Simadzou ; oubliant la bataille du
4 juillet, la Cour restait fidèle à ses intentions
bienveillantes. La plupart des hatamoto firent
leur soumission. Conformément à la capitulation
de Édo, les clans fidèles et la Cour délibérèrent
sur le sort des seigneurs rebelles : pas un des
daimyô qui avaient combattu ne fut condamné
à mort ; les peines infligées furent les arrêts, le
transfert dans un autre fief, la diminution des
revenus ; au début de 1869, la clémence fut
étendue aux rebelles du nord ; le seigneur d'Ahidzou, le plus obstiné, eut ses territoires confis-
qués et fut condamné aux arrêts perpétuels ;
mais, dès l'année suivante, on lui rendit trente
mille kokou pour qu'il continuât le culte de ses
ancêtres. Le prince de Rinnôzi fut quelque temps
enfermé dans un palais à Housimi.

En même temps, Sandjô et Ôkoubo organi-
saient le Kwantô. Remise (8 juillet) aux autorités
militaires impériales qui se substituaient seulement aux commissaires du Bakou-hou, l'administration de Édo et des treize provinces de
l'est fut ensuite (3 septembre) calquée sur celle
de Kyôto et confiée à un gouvernement civil
formé d'un gouverneur (tsinjô), d'un conseiller

(gidjô), d'un conseiller-adjoint (sanyo) ; ce gouvernement, muni de pouvoirs étendus, décidait, ne recourant à l'Empereur que pour les affaires graves ; les questions locales furent du ressort de préfets comme dans le reste de l'Empire. Par un décret du même jour, Édo changeait de nom et devenait Tôkyô, la Capitale orientale : si la ville avait perdu le Chôgoun, elle pouvait espérer recevoir l'Empereur. La promesse ne fut pas vaine ; grâce à l'énergie et à la modération du gouvernement local du Kwantô, l'ordre fut bientôt assuré, assez pour que le Tennô vînt faire connaissance avec sa nouvelle Capitale et échauffer par sa vue le loyalisme encore jeune des orientaux. A cette occasion, le gouvernement civil du Kwantô fut supprimé (1er décembre), ayant achevé son œuvre, et laissa la région à l'administration ordinaire.

Le principe du voyage impérial, proposé par Ôkoubo, était accepté depuis plusieurs semaines, mais la Cour ne fixait pas l'époque ; autorisé par Sandjô, Ôkoubo partit pour Kyôto où il exposa l'état du pays, persuada Iwakoura et vainquit les résistances. L'Empereur voyagea dans une litière fermée et arriva à Tôkyô le 26 novembre ; en janvier, il se rendit à bord de deux navires impériaux à l'ancre devant Sinagawa ; puis il repartit le 20, afin de célébrer son mariage et de passer les fêtes du nouvel an japonais dans la ville sacrée. Des assemblées de daimyô et de samourahi étaient convoquées à Tôkyô pour le printemps ; l'Empe-

reur devait y revenir pour cette époque. En effet,
le Tennô quitta le 18 avril la vieille Capitale ; un
grand nombre de simpéi, gardes du corps de
l'Empereur, se jetèrent aux pieds de Sa Majesté,
la suppliant de ne pas quitter sa cité sainte, de
ne pas se souiller au contact des barbares ; le
Souverain ne cédant pas à leurs prières, deux
mille déclarèrent qu'ils le suivraient pour le
protéger ; la population en larmes regardait le
fils des dieux s'éloigner de la Capitale où ses
ancêtres résidaient depuis onze cents ans :
c'était la fin d'un monde. Ôkoubo le savait en
recommandant le transfert de la Capitale.

Peu après, il fut confirmé dans ses fonctions
de conseiller-adjoint par une élection à laquelle
furent soumis tous les membres du gouvernement : lui-même avait recommandé ce procédé
accepté par un décret du 22 juin et mis en pratique une fois. Il fut en même temps (23 juin)
chargé des fonctions de directeur des services
exécutifs. En cette double qualité, inspirateur
des premiers ministres, il va en quelques années
tirer du serment impérial les applications, gouvernement par l'opinion, unification de l'Empire ;
il va, pour cette œuvre, être servi, un peu entraîné, par son tempérament logique et tenace
dépourvu du sens du passé, par la force des
réformes déjà faites qui ont simplifié, tendent à
simplifier encore l'état et la société.

C'est de l'opinion des samourahi, des houdai,
des kougé que sortait la conduite de la Cour, du

Bakou-hou, des clans ; les mêmes forces com-
binées avaient produit et consacré la Restauration ;
fréquemment elles avaient abdiqué ; volonté d'un
seul, plus souvent lutte ou coalition de plusieurs,
devenait alors le ressort du gouvernement ancien.
L'opinion publique dut être celui du gouvernement nouveau. Adversaires des relations avec
l'étranger, partisans de la concentration du pouvoir, théoriciens du gouvernement par le pays,
fédéralistes attachés à la fois au Tennô et au seigneur, réformateurs épris des modèles européens, se mêlaient au dedans et au dehors de la
coalition qui avait fait la Restauration. On posa
en axiome que de la discussion naîtrait une opinion de la majorité qui fondrait les rivalités des
clans et exprimerait les sentiments de l'Empire ;
l'exemple de l'Europe ne fut pas étranger à cette
croyance ; les décrets de l'époque sont pleins de
confiance dans l'opinion publique qu'il s'agit
d'organiser. Les efforts vont à instituer une sorte
de gouvernement parlementaire. Au début (janvier 1868), « tous les clans » ont été convoqués
pour délibérer ; mais un décret du 11 juin écarte
ce terme et tâche de préciser la loi, en y infusant
des idées occidentales. Il définit et sépare en
principe les pouvoirs législatif, exécutif et judiciaire, en remet l'exercice à diverses sections du
Dadjôkwan ; l'action exécutive est confiée aux
Conseils qui deviendront les Ministères et qui
communiquent avec les chefs du gouvernement
par le Conseil exécutif (benzikwan ou gyôséi-

kwan); la première section du Dadjôkwan ou Conseil délibératif (giséikwan) comprend deux chambres; la chambre basse, présidée par un membre du Conseil exécutif, est formée des kôsi, représentants des clans, et délibère sur les taxes, les postes, les monnaies, les poids et mesures, les relations étrangères, le commerce, la guerre, l'armée, quand les questions lui sont soumises par la chambre haute; ses avis ne lient pas le gouvernement; la chambre haute, composée de sanyo et de gidjô, n'est autre que le Dadjôkwan primitif; elle propose ses décisions au Souverain et les promulgue, ses chefs détiennent le pouvoir réel. L'opinion est consultée; mais, si les théoriciens veulent se fier à elle, les politiques la tiennent pour suspecte. Avec des noms différents, la constitution du 13 septembre 1871 est presque la même; la première section du Dadjôkwan, appelée désormais Cour centrale (Séiin) décide sur rapport des ministres, qui se réunissent parfois pour former la Cour de droite (Ouin); les représentants nommés par l'Empereur sur présentation de la Cour centrale s'assemblent en Cour de gauche (Sain) sous la présidence d'un sangi (conseiller à la Cour centrale), discutent les questions législatives, soit de leur propre initiative, soit sur communication de la Cour centrale, et soumettent à celle-ci l'opinion qui a été votée par la majorité et qui est dépourvue de caractère obligatoire.

Dans la constitution de 1871, les représentants

sont des conseillers choisis par l'autorité centrale ; en 1868, c'étaient des kôsi envoyés par les
clans. La Cour, pour s'appuyer sur les samourahi, avait prescrit aux daimyô, suivant leur
importance, d'envoyer un, deux ou trois représentants chargés d'exprimer leurs vues politiques et de défendre leurs intérêts (décrets des
10 et 25 février, 3 mars); les kôsi prenaient ainsi
la succession des résidents que les daimyô entre-
tenaient jadis à Édo ; quelques mois après (16
juillet), ces doubles fonctions furent séparées et
les kôsi, représentants politiques, furent convoquées trois fois par mois pour présenter par écrit
leurs observations sur divers points d'intérêt
général ; ils avaient été déjà consultés (19 mai)
à propos de la succession de Yosinobou et de
l'établissement d'un fief pour les Tokougawa.
Leurs placets montrèrent une profonde ignorance des affaires et furent peu conformes aux
vues du gouvernement ; en effet, les kôsi étaient
choisis non par les seigneurs, mais par les
hommes dirigeants des clans : tous les samourahi
marquants et dévoués à la Cour étaient déjà à
Kyôto ; les clans ne contenaient plus que des
opposants, ou des hommes, loyalistes, mais de
moindre valeur et incapables de concevoir la
réforme du monde où ils avaient vécu. Malgré
cette désillusion, une assemblée des kôsi d'une
part, des kougé, daimyô, hatamoto, fonctionnaires locaux d'autre part, fut convoquée à Tôkyô
au printemps suivant (décrets des 11 mars,

6 avril 1869). Le choix des représentants fut
spécialement recommandé aux clans, aux gouverneurs et aux préfets, aux grandes écoles, pour
que le gouvernement trouvât une connaissance
sérieuse des idées et des intérêts de chaque région. La session fut solennellement ouverte le
18 avril ; la nouvelle chambre basse, étrangère
à la population agricole et commerçante, exprima
les sentiments de la masse des samourahi, dévouement à l'Empereur, opposition aux étrangers,
méfiance de toute innovation : des propositions tendant à abolir le harakiri et le port des
deux sabres furent repoussées presque à l'una-
nimité. La session de 1870, soigneusement pré-
parée, montra chez les députés la même ignorance et le même attachement aux coutumes
anciennes. Les hommes de la Restauration
n'étaient pas suivis, pas même compris par la
classe d'où ils sortaient ; il fallait trouver une
autre voie pour pénétrer jusqu'à la véritable opinion publique. Le choix des représentants par
le gouvernement n'était pas le moyen cherché ;
du moins ces représentants fournissaient au
Dadjôkwan des renseignements précis sur le
pays. Ôkoubo, qui avait d'abord introduit l'élection jusque dans la nomination des fonctionnaires, conserva quelque méfiance à l'égard de
l'élection, des assemblées délibérantes, de l'opinion publique même, souvent travestie, igno-
rante ; toujours prêt à accepter les responsabi-
lités, il aimait à être éclairé par les hommes com-

pétents, mais désormais il décida lui-même autant qu'il put.

L'appui que le gouvernement ne trouva pas chez les kôsi, ne lui fit pas défaut du côté des samouraï chefs du mouvement loyaliste, ni des daimyô qu'ils entraînaient avec eux ; artisans de la Restauration, ils continuèrent, malgré quelques bouderies, de prêter une aide fidèle aux ministres ; le nom du Tennô servit à ceux-ci de talisman. Le décret constituant du 11 juin 1868 marque aux seigneurs, comme aux préfets, les limites de leurs droits : ils ne pourront donner des titres de noblesse, frapper des monnaies, engager des étrangers, conclure des traités avec les clans voisins ou les états étrangers : ce serait empiéter sur les droits régaliens qui intéressent toute la nation. En décembre (décret du 11), les seigneuries vassales sont expressément rapprochées des préfectures : les fonctionnaires du clan seront choisis par le seigneur pour leurs capacités et non pour leurs droits héréditaires, les nominations et changements de personnel seront portés à la connaissance du Dadjôkwan, les charges seront semblables à celles qui existent dans les préfectures, une distinction absolue sera faite entre les fonctionnaires du clan et les intendants chargés des intérêts privés du seigneur. Loin de protester contre ces entraves, les daimyô cherchent à fortifier le pouvoir impérial. Simadzou Tadayosi avait déjà, sur le conseil d'Ôkoubo, proposé de remettre à la Cour

cent mille kokou de territoire pour les dépenses
de l'armée ; l'Empereur ayant refusé, Òkoubo,
Kido et leurs amis décidèrent les seigneurs de
Satsouma, de Nagato, de Tosa et de Hizen à présenter un mémoire collectif. La rédaction de ce
document est attribué à Kido Kòin (5 mars 1869).
« Le ciel et la terre appartiennent au Tennò,
tout homme est son serviteur... Plus tard l'Empire fut déchiré par ceux qui s'appropriaient le
peuple et la terre ; les faibles furent la proie des
forts, les provinces devinrent le patrimoine des
pervers, et l'Empereur ne conserva qu'une vaine
dignité... Nos terres appartiennent à l'Empereur,
notre riz est produit par les sujets de l'Empereur; nous lui remettons ce qui lui appartient,
pour que de nouveau toutes les lois procèdent de
lui. » Le Souverain décida de soumettre la question à l'assemblée déjà convoquée; avant la moitié de la session, deux cent quarante et un daimyò
avaient présenté la liste de leurs territoires et de
leurs sujets. Le 25 juillet, un décret accepta la
remise proposée des fiefs et prescrivit aux dix-
sept daimyò restés muets de suivre l'exemple de
la majorité ; les seigneurs retournèrent sur leurs
terres comme gouverneurs, mandataires du
Tennò et assistés de fonctionnaires nommés par
lui; sur les revenus des clans, un dixième fut
affecté aux appointements des gouverneurs, le
reste, après paiement des dépenses publiques locales, entra dans le trésor impérial;
l'uniformité des lois devint la règle (décret

du 4 octobre 1870). Le régime féodal avait vécu.

Un autre décret, du 26 juillet 1869, supprimant les titres de kougé et de daimyô, fondit les uns et les autres dans la noblesse des kwazokou; les nombreuses classes, séparées par des privilèges héréditaires ou personnels et que l'on confondait sous le nom de samourahi, furent réunies en sizokou et en sotsou, ces derniers étant ensuite (8 mars 1872), élevés parmi les sizokou ou confondus avec le peuple; le peuple (héimin), avait déjà (12 octobre 1871) dû absorber les castes viles, hi-nin et éta. Toutes les classes furent également soumises à la juridiction des autorités locales (1870, 1871). Le mélange des classes fut encouragé par la permission pour tous d'exercer toute profession (1871) et aussi par l'autorisation des mariages mixtes (1871), des adoptions mixtes (1873), par l'inscription au rang des héimin des branches cadettes de la noblesse (1874), au rang des sizokou des héimin fonctionnaires et de leurs enfants (1872). Outre les territoires des fiefs, il existait de nombreux domaines de toute étendue, qui étaient concédés, à des titres divers, dans des conditions différentes, à des nobles, daimyô ou kougé, à des samourahi, à des bonzeries. L'administration impériale chercha dès 1868 à recouvrer ces domaines; rarement elle en prescrivit la restitution totale sans compensation; à quelques bonzeries, à un plus grand nombre de temples sintoïstes, elle laissa une fraction de leurs terres labourables ; à la plupart des nobles et des samourahi, elle donna en échange des pensions payables en grains et calculées sur le revenu. Cette opération fut poursuivie pendant une dizaine d'années, s'étendant selon que progressait la transformation du pays. Une part des terres restituées entra dans le domaine de l'État ; les terrains cultivables et les terrains urbains furent en partie cédés à des particuliers, souvent à des voisins, ou aux fermiers ou emphytéotes qui les cultivaient. Le but de ces mesures, auxquelles Ôkoubo eut une part prépondérante, surtout lorsqu'il fut ministre des finances (à partir du 13 août 1871) était moins le profit du fisc, que l'unification de la propriété pour préparer l'assiette de l'impôt. Il fallut aussi soumettre expressément aux taxes foncières des territoires traditionnellement exempts. Enfin au début de 1872, on put considérer comme effacée toute distinction dans la tenure des terres ; en février, commença la délivrance des titres officiels de propriété portant évaluation du prix et constituant un cadastre. A la même époque (23 mars), la vente des terres à titre perpétuel, jadis interdite ou limitée par des restrictions diverses dans les différentes régions, fut universellement autorisée ; un système unique d'hypothèques fut ensuite constitué (janvier 1873). Peu à peu le gouvernement des samourahi appliquait partout le niveau ; la loi ne connaissait plus qu'une seule tenure des terres, qu'une seule ad-

ministration locale, qu'un seul peuple devant
l'Empereur.

L'aristocratie territoriale était la première à
condamner sa condition privilégiée. Le dévouement au bien de l'Empire, le respect pour les
désirs du Tennô, qui étaient parmi les mobiles
puissants de sa conduite, n'auraient pas suffi
à la décider au suicide. Mais, ainsi que le dit
un pamphlet de l'époque, « les daimyô ont été
élevés dans le gynécée, traités en enfants déli-
cats, ils n'ont jamais soupçonné le froid ni la
faim ni aucune des réalités de l'existence ; il en
est de même de leurs karô ; ainsi les affaires sont
laissées à des inférieurs souvent indignes. »
L'indolence, l'ignorance, la recherche du plaisir
forment le caractère de la plupart des nobles. Ils
sont conduits par leurs samourahi ; parmi ceux-
ci, les loyalistes ont à l'heure présente le plus
d'activité et d'influence. Souvent réduits à la
gêne personnelle pour acquitter les dépenses
publiques du clan, les seigneurs voient une sécurité dans l'article qui leur réserve le dixième des
revenus ; les règles administratives imposées par
le décret, sont une aide pour leur indécision.
La plupart déplorent les charges pécuniaires et
les obligations de décorum inhérentes à leurs
fonctions de gouverneur. Les kérai comptent, en
écartant les seigneurs, accroître leur rôle officiel
à la mesure de l'influence qu'ils détiennent déjà.
Aussi des pétitions ne tardent pas à arriver au
Dadjôkwan, demandant la suppression de ces

dernières entraves ; elles exposent des plans conformes au goût du jour : sans doute un grand
nombre de seigneurs sont sincères, quelques-
uns le prouvent. Le gouverneur de Tokousima
(Awa) et tous ses samourahi, de même dans
d'autres clans, rentrent en bloc dans la classe des
agriculteurs ; des gouverneurs se déclarent incapables, résignent leurs fonctions, abandonnent
au profit de la population leurs résidences et les
temples officiels de leurs ancêtres ; les samourahi
de Kôtsi (Tosa) cèdent leurs privilèges contre
des titres de pension. Dans d'autres clans, l'insuffisance du gouverneur rend nécessaire l'intervention du gouvernement central ; des conspi-
rations sont découvertes, des troubles locaux
se produisent et on trouve comme acteurs principaux des samourahi d'Ahidzou, de Kouroumé,
de Nagato ; les fonctionnaires des clans ne sont
pas obéis, ou deviennent complices des samourahi
remuants. En Tsikouzen (1871), des conseillers
et secrétaires locaux sont impliqués dans une
grave affaire de papier-monnaie falsifié, qua-
rante-sept d'entre eux sont condamnés à diverses
peines et le gouverneur Kouroda est cassé ; le
17 août, le prince d'Arisougawa est nommé gouverneur ; c'est la première fois qu'un clan cesse
d'être administré par ses membres. Dans les
clans où l'autorité impériale n'est ni forcée
d'agir directement, ni appelée par la population,
« les ordres de la Cour peuvent être reçus, mais
ils ne sont jamais exécutés ». Tout concourt

à prouver que le régime moyen de 1869 est inapplicable.

Le Satsouma montre un esprit renouvelé d'indépendance et d'activité. C'est à l'éducation des jeunes samourahi et à leur formation militaire que s'applique le gouvernement local ; il a au moins trente mille hommes bien exercés, il tient ses arsenaux remplis, complète ses fortifications, fait des districts la base d'une milice permanente. Ilisamitsou reste en Satsouma, il ne paraît à la Cour au printemps de 1869 que sur invitation formelle de l'Empereur et il rentre bientôt à Kagosima ; le Tennô restauré, il se trouve satisfait et, sans peut-être avoir les ambitions qu'on lui prête, il désapprouve le rôle grandissant des samourahi qui se séparent de leurs clans, le nivellement commençant des classes. Saigô, toujours mal vu de Ilisamitsou, vit d'abord en chasseur dans la montagne, se désintéressant des affaires et du Satsouma et de la Cour ; il est si populaire que Tadayosi doit aller le chercher lui-même et à deux reprises (avril 1869, août 1870) lui confier la direction de la province ; il exécute les réformes prescrites de Tôkyô et qui concentrent le pouvoir dans ses mains, en même temps il correspond avec tous les clans voisins ; la puissance, la vénération dont il jouit et qu'il emploie à fortifier le fief, commencent d'effacer Ilisamitsou. Les samourahi de Satsouma, Ôkoubo, Térasima, bien d'autres, sont nombreux à Tôkyô ; ceux-là sont avant tout les hommes de l'Empire ;

mais, attachés à leur patrie d'origine, ils entretiennent avec le clan une correspondance constante, servent de trait d'union entre le gouvernement et les indépendants du sud-ouest. Les uns et les autres sont peu satisfaits de la Cour, qui néglige des réformes urgentes, celle de l'armée par exemple, qui s'occupe trop de titres et de pensions, où reparaissent les influences occultes, femmes du Palais, kougé du Ministère de la Maison de l'Empereur.

Ôkoubo perçoit ces symptômes et tâche d'arrêter le mal; il obtient de Sandjô et d'Iwakoura la mission d'aller à Kagosima expliquer les actes du gouvernement afin de ramener les Simadzou et Saigô (janvier 1870) : Kido est de même envoyé près des princes Môri. Mais le Nagato est à ce moment le siège de troubles causés par le licenciement des troupes qui font campagne depuis février 1865 ; Saigô se rend sur les lieux ; pour cette cause ou ce prétexte, la double mission d'Ôkoubo et de Kido reste vaine. A l'automne, les relations sont plus tendues; après un mémorial présenté à l'Empereur sous la signature de Simadzou Hisamitsou et de Saigô Takamori, les troupes du Satsouma qui, depuis 1868, restaient à Tôkyô à la disposition du gouvernement, sont rappelées à Kagosima (novembre 1870) en raison des difficultés financières que traverse le clan. Les faits de l'année suivante permettent de douter de l'exactitude du motif. Si la désaffection persiste, la réforme est mise en question. Ôkoubo,

avec Kido, Kouroda, Ôyama, Mourata, élabore
et fait agréer à Sandjô et à Iwakoura, un programme général. Maison de l'Empereur, personnel gouvernemental et administratif, armée et
marine, finances, instruction, relations étrangères, ces lignes vagues sont précisées verbale-
ment, il est même question en secret d'abolir
les clans. Mais l'appui des clans du sud-ouest
est nécessaire ; comment gagner Saigô, l'idole
des samourahi? Ôkoubo connaît le dévouement
loyaliste, le besoin d'action de son ami ; c'est
à lui qu'on s'adressera d'abord. Saigô Tsougoumitsi, envoyé près de son frère aîné (novembre
1870), lui communique le programme arrêté ; les
questions d'organisation militaire, de maintien
des droits impériaux, la vanité flattée décident
à demi Takamori, qu'une récente déconvenue
rend plus traitable. On aurait, en effet, peu
auparavant, annoncé le prochain départ de Hisamitsou à la tête de quatre ou cinq régiments pour
aller à Tôkyô présenter les doléances du clan ;
seule l'opposition du Tosa aurait fait avorter le
projet. Quoi qu'il en soit, une mission solennelle
d'Iwakoura couronne la négociation de Saigô
Tsougoumitsi. L'envoyé impérial est chargé de
présenter un sabre au sanctuaire de Chôkokou
daimyôzin (Nariaki). Le ministre, accompagné
d'Ôkoubo, débarque à Kagosima le 7 février (1871)
et, en attendant l'audience des princes, emporte
facilement le consentement de Takamori ; Hisamitsou, malade, promet vaguement de partir

pour Tôkyô à son rétablissement. Iwakoura va ensuite porter un message analogue en Nagato à Môri Yositsika, qui s'engage (27 février) à se rendre à la Capitale au printemps ; au retour, il gagne à ses vues les clans d'Owari et de Hikoné. Cependant Ôkoubo, Saigô Takamori, Kido ont déployé une activité qui rappelle les intrigues de 1865 et 1867 ; ils ont écrit, ils ont vu les seigneurs et les samourahi du Higo, du Tosa, ils ont obtenu leur appui : le 22 mars, ils arrivent à Tôkyô amenant avec eux Itagaki Taisouké, de Tosa, et plusieurs autres.

Le 2 avril, paraît un décret constituant une garde impériale qui dépendra du gouvernement ; elle sera formée de troupes données par les clans : quatre bataillons d'infanterie, quatre d'artillerie par le Satsouma, trois d'infanterie par le Nagato, deux bataillons d'infanterie, deux d'artillerie, deux escadrons de cavalerie par le Tosa. Saigô, Kido et Itagaki partent immédiatement chacun pour son clan afin de ramener les forces promises ; à la fin de mai, le noyau de l'armée impériale est formé, les divisions militaires s'organisent, le gouvernement ne dépend plus des clans. Ceux-ci s'inquiètent, ils soupçonnent l'ambition du Satsouma et de Saigô ; le Nagato, dont le seigneur vient de mourir, s'agite ; Kido, Ôkoubo même doivent y aller pour calmer les troubles. Avant d'agir, le gouvernement prépare le public ; un journal officieux, le Simboun Zassi, est fondé et répand les nou-

velles suceptibles de miner l'esprit de clan. En
juin, paraît un manifeste de tendance fédéraliste ;
il n'est pas signé, mais on l'attribue communé-
ment à Saigò ; établir à l'abri de tout changement l'unité des lois et du système militaire,
appuyer le pouvoir personnel du Souverain sur
les grands clans qui fourniront des familles pour
constituer une sorte de clan impérial, renforcer
les droits des clans sur leurs membres, renoncer
à la centralisation et aux nouveautés européennes :
tels sont les principaux articles, où les idées
réformatrices et réactionnaires se mêlent étrangement, comme elles apparaissent successivement
ou à la fois dans les actes de Saigò. A l'heure
présente, celui-ci travaille à détruire les clans,
contre le programme de juin : il compte peut-
être maintenir l'unité du Satsouma par la cohésion militaire, abattre par une mesure générale
les plus puissants des clans rivaux, gagner en
Satsouma une prééminence à laquelle il ne saurait
atteindre tant que subsistent les daimyò gouverneurs. Il collabore avec Itagaki, dont le système
a pour base la représentation du peuple, avec
Òkoubo, qui sacrifie tout le passé au pouvoir
unique de l'Empereur.

Un remaniement ministériel a lieu le 11 août,
il tend à concentrer le pouvoir gouvernemental :
Kido et Saigò sont d'abord seuls sangi, supérieurs
aux ministres ; Itagaki, de Tosa, et Òkouma,
de Hizen, reçoivent quelques jours plus tard le
même titre pour assurer l'appui de leurs clans.

Ôkoubo, qui inspire Sandjô et Iwakoura, qui s'est réconcilié tout exprès avec Kido, qui a gagné Saigô, le champion obstiné des clans et des samourahi, qui imagine la modification à la constitution et qui la voudrait plus complète, n'admettant qu'un sangi, s'efface et se contente du Ministère des Finances. Mais il tient sa partie dans le colloque qui a lieu, par une nuit d'orage, chez Kido, au quartier isolé du Koudan, et où s'achève la préparation de la grande réforme (24 août); lui et Kido discutent tous les détails. Saigô se tait et, quand tout est arrêté : « Vous avez décidé, dit-il, à moi d'agir et de maintenir l'ordre. »

Mais l'ordre n'est pas troublé. Le 29 août, l'édit éclate : « Il faut que les choses correspondent aux mots, et que le gouvernement du pays vienne réellement d'un seul centre... Comment serait-il possible autrement de donner la paix au peuple, de maintenir l'égalité en face de l'étranger ? Nous abolissons les clans et les remplaçons par des préfectures. » Les gouverneurs furent appelés à Tôkyô et invités à y fixer leur résidence ; ils furent autorisés à voyager à l'étranger, reçurent désormais de l'État leur pension égale au dixième des anciens revenus du clan et sur laquelle ils n'eurent à entretenir que leur famille. Les vice-gouverneurs furent chargés de l'expédition des affaires. Le changement d'administration s'opéra sans difficulté, à peine quelques manifestations vite calmées en Aki, à Matsouyama, en Kaga ;

en Satsouma même, l'agitation fut insigni-
fiante.

Remplacés par des préfets, les daimyô ne furent pas gênants ; les samourahi auxquel se
substituait l'armée régulière, pouvaient devenir
dangereux. On en fit entrer un certain nombre
dans la police créée alors (novembre) ; pour con-
fondre dans la population ceux qui étaient sans
emploi, tous furent autorisés à abandonner leurs
deux sabres, leur coiffure, leurs insignes (23 septembre) ; un grand nombre profita de la permission. En même temps, l'Empire était partagé en
six divisions militaires ; l'année suivante (28 décembre 1872), était posé le principe du service
militaire universel. Un code, d'inspiration chinoise, promulgué le 19 février (1871) était déjà
communiqué aux ministres étrangers. De grandes
réformes étaient faites dans l'intérieur du Palais,
tous les fonctionnaires féminins étaient supprimés (septembre-octobre 1871). Le vieux Japon
tombait par morceaux sous les coups des alliés
de 1871, Saigô, Kido, Itagaki et, moins en évi-
dence, l'inspirateur infatigable, Òkoubo. Mais
Hisamitsou ne désarmait pas, exprimait ouvertement son blâme, parlait de rappeler en Satsouma
les kérai infidèles, Saigô et Òkoubo ; en raison
de son influence sur les samourahi, le gouvernement, sans changer de ligne politique, évitait
de le heurter de front ; le Tennô profitait d'un
voyage à travers l'Empire (28 juin-15 août 1872)
pour aller en personne à Kagosima, en même

temps qu'il donnait le titre de commandant en chef à Saigô Takamori. La démarche du Souverain eut raison des rancunes du vieux seigneur Simadzou, qui arriva à Tôkyô à la fin d'avril 1873 escorté de plusieurs centaines d'hommes armés à l'ancienne mode ; il fut six mois plus tard nommé au Dadjôkwan.

Cependant Ôkoubo était parti pour les États-Unis et pour l'Europe, le 23 décembre 1871, avec l'ambassadeur Iwakoura.

———

V

Les relations extérieures (1868-1876).

En reprenant l'exercice du pouvoir, l'Empereur était, en face des puissances étrangères, dans une situation douteuse. Depuis le xvie siècle, il avait été tenu par les Européens pour un Souverain spirituel. Le Bakou-hou, signant les traités avec des pouvoirs contestables, n'avait rien fait pour dissiper l'équivoque et les récents évènements, mal connus des étrangers, ne suffisaient pas à définir les droits du Tennô et ceux du Chôgoun. La Cour, violemment hostile aux étrangers sous l'Empereur Kôméi, n'avait ratifié les traités que de mauvaise grâce (22 novembre 1865) : maîtresse du gouvernement, poussée par les samourahi et les rônin dont le loyalisme se doublait d'exaltation xénophobe, quelle conduite allait-elle tenir ?

Les hommes d'état du Satsouma n'avaient pas négligé cette grave question. Une intervention étrangère serait désastreuse pour l'Empire, fatale peut-être à la cause impériale ; les ministres étrangers avaient déjà admis le droit supérieur du Mikado, il fallait leur montrer que ce droit était unique et leur persuader de le reconnaître, en usant à leur égard d'autant de franchise que le Bakou-hou avait employé de duplicité. A la fin de 1867, alors que l'alliance du sud-ouest préparait la proscription des Tokougawa, le clan de Satsouma, avait obtenu du comte de Montblanc, engagé au service des Simadzou, des indications sur les communications à faire aux ministres étrangers ; d'après ces données, vers le 20 janvier 1868, tandis que Yosinobou était encore à Òsaka, Òkoubo soumit au Dadjôkwan un projet de déclaration à adresser aux chefs d'état : l'Empereur, affirmant son droit de Souverain, annonçait l'abolition du chôgounat et le retour de l'autorité dans ses mains. Mais, sur un document de cette importance, on désirait le sceau de tous les daimyò ; il fallut donc attendre. Yosinobou, l'ex-Chôgoun, avait pris les devants et, le 10 janvier, avait reçu à Òsaka les représentants étrangers ; le ministre Léon Roches parla en qualité de doyen et exprima la résolution de ne pas prendre parti dans les dissensions du pays, le désir de savoir quel était le vrai gouvernement. Dans sa réponse, Yosinobou protesta de son dévouement pour l'Empire et pour l'Empereur qu'il voulait tirer des mains des ambitieux et des violents. A la fin du mois, il s'enfuyait laissant son armée dispersée.

Le gouvernement impérial affermi ne tarda pas davantage, suivant les conseils de Saigò et d'Òkoubo, à annoncer la Restauration et à dé-

clarer qu'il assumait les engagements du Bakou-
hou. Le décret, du 3 février, fut communiqué
aux ministres à Kôbé, le 8, par un envoyé impérial; un Conseil des Affaires étrangères fut constitué et mis sous la présidence d'un prince, d'un
daimyô, de Sandjô Sanéyosi et de Iligasikouzé,
deux des kougé réfugiés en Nagato en 1864,
tous membres importants du parti loyaliste. En
même temps, le prompt châtiment des samourahi
de Bizen et de Tosa, qui avaient tiré sur les
Européens, la netteté des excuses provenant des
deux daimyô intéressés et du gouvernement impérial, l'acceptation des traités par l'Empereur
portée à la connaissance du public, montrèrent
les intentions nouvelles. Rien n'empêchait plus
les seigneurs amis des réformes de déclarer leurs
sentiments; dans un mémoire collectif (29 février), les daimyô d'Étsizen, de Nagato, de Satsouma, de Tosa, de Higo, d'Aki insistèrent sur
la nécessité et l'utilité des rapports avec les
étrangers; ils demandaient que les ministres
des puissances fussent admis à la Cour. La résolution en fut aussitôt prise et communiquée au
peuple par une proclamation du 10 mars; le
Tennô affirmait sa volonté de traiter avec honneur les envoyés d'outre-mer. Les audiences
eurent lieu les 24 et 26 mars. Tandis que sir
Harry Parkes se rendait au Palais, le 24, son
cortège fut attaqué par deux hommes du corps
des simpéi (gardes de l'Empereur); son audience
fut renvoyée au surlendemain. Dans l'intervalle,

des excuses avaient été présentées, le survivant
des deux meurtriers avait été condamné à
perdre le rang de samourahi et à être mis à
mort par le bourreau : tel dut être désormais le
châtiment des attentats contre les étrangers.
Ainsi, le gouvernement, se séparant du corps
des samourahi sur ce point comme sur d'autres,
mettait son énergie à lutter contre la passion
anti-étrangère, jadis encouragée par la Cour ;
pendant bien des années, il eut à protéger spécialement les étrangers contre l'insulte et le
meurtre, à châtier les explosions isolées de la
haine contre le barbare.

Le but des politiques japonais fut atteint ;
une stricte neutralité fut recommandée par les
légations à leurs ressortissants (18 février) ; moins
d'un an après, toutes les puissances avaient offi-
ciellement reconnu le gouvernement impérial et
refusé à Énomoto et à ses troupes la qualité de
belligérants. Le nouvel Empire unifié, ce fut trop
peu aux yeux de ses hommes d'état d'avoir effec-
tué la révolution sans intervention étrangère :
ils voulurent aller chercher eux-mème le secret
de la force occidentale et établir pour leur pays
des relations internationales d'égalité.

Les traités conclus par le Bakou-hou avaient
troublé la situation monétaire et économique de
l'Empire jusqu'alors fermé, tandis que la guerre
civile avait empêché le Japon de tirer des nouvelles relations le profit qu'on était en droit d'attendre. Dès les premiers édits où il proclamait

son adhésion aux traités, le gouvernement de la
Restauration avait déclaré l'intention de négocier
des modifications. Le point qui touchait au cœur
les hommes d'état, c'était le privilège de juridiction reconnu aux étrangers ; ils sentaient vivement la diminution infligée à la souveraineté
impériale, la position inférieure faite à l'Empire.
La date fixée pour la revision des traités était le
1er juillet 1872 ; dès que le gouvernement se sen-
tit affermi par l'abolition des clans, il décida
d'envoyer une ambassade pour expliquer aux
états signataires la situation intérieure et la politique du Japon. L'Empereur, dans sa lettre au
président des États-Unis, exprimait le désir et
l'intention d'amender les traités « de manière à
mettre ses états sur le pied d'égalité avec les
nations les plus éclairées »; il ajoutait, il est
vrai, que ce but ne pouvait être attteint du premier coup. Mais la publication d'un code devait
être un premier pas dans cette voie que le gouvernement ne s'imaginait pas aussi ardue. Le
code de 1871, presque dépourvu de lois civiles,
prescrivant la question, infligeant des châtiments cruels, ne faisait que souligner la distance
entre les civilisations japonaise et occidentale,
loin de faciliter l'abandon de la juridiction con-
sulaire. Iwakoura, l'un des hommes importants du nouveau régime, fut nommé ambassadeur; l'effet de ce choix excellent fut diminué
par le caractère donné au personnel de la mission: Iwakoura fut désigné comme premier am-

bassadeur, tandis que Kido, Ôkoubo, Itô et Yamagoutsi avaient le titre d'ambassadeurs en second;
personne n'avait nettement qualité pour parler
au nom de l'Empereur. D'ailleurs les pleins
pouvoirs pour traiter manquaient ; à Washington,
le président Grant étant disposé à négocier la
revision, il fallut renvoyer à Tôkyô Ôkoubo et
Itô pour obtenir les autorisations nécessaires.
Quand enfin ils revinrent, Iwakoura s'était convaincu que, pour le Japon encore ignorant de
la valeur précise des actes diplomatiques, il
pouvait être imprudent de former de nouveaux
liens.

L'ambassade, continuant son voyage, arriva
à Londres à l'automne et visita Paris (décembre 1872 et début de 1873), Berlin, Pétersbourg
et plusieurs autres capitales, bornant son rôle
à des échanges de vues. Les visites aux usines
et aux arsenaux, les offres de fournitures et de
services ne lui furent pas ménagées; « on prenait
notre pays pour une vaste mine d'or », dirent
plus tard les envoyés. De la vue du développement économique de l'Europe, Ôkoubo tira des
enseignements qu'il appliqua à son retour.

Une autre leçon fut donnée à la mission par la
presse et par les manifestations de l'opinion
publique au sujet des chrétiens japonais. Dans
les environs de Nagasaki, en effet, des familles,
se montant à plusieurs milliers d'âmes, avaient
gardé la foi chrétienne en secret depuis le
xviie siècle; après les traités, elles s'étaient

groupées autour des missionnaires, quand le Bakou-hou (1867), puis le gouvernement impérial entamèrent une persécution méthodique, emprisonnant, exilant, torturant les chrétiens, les faisant souffrir de la faim, les séparant les uns des autres et de leurs familles. Il est vrai que jusqu'alors, en tous pays de civilisation chinoise, le gouvernement prescrivait, tolérait, interdisait à son gré les actes religieux, l'Empereur étant Souverain parmi les divinités comme du monde visible; le Tennô, restauré dans son pouvoir, avait fait (mai 1868) du sintoïsme, son culte ancestral, la religion d'état, avait désaffecté nombre de bonzeries, confisqué les terres qui leur appartenaient. Tout homme peut être chrétien dans son cœur, mais la pratique de la religion ne peut être tolérée: ainsi répondaient les ministres les plus éclairés aux protestations des envoyés étrangers, qui représentaient que cette conduite aliénait au Japon les sympathies de l'Occident. Au moment de l'arrivée de l'ambassade, une souscription fut ouverte par la Westminster-Gazette en faveur des chrétiens persécutés ; une question fut posée par un député au sujet de cette persécution au ministre des affaires étrangères, de Rémusat (7 décembre); à Bruxelles, la foule, sur le passage des ambassadeurs, réclamait à grands cris la liberté des chrétiens. Iwakoura et ses compagnons virent de plus en Europe l'homme maître de sa conscience et de ses actes religieux sans cesser d'être dévoué à son pays : au mois de mars 1873, avant leur retour, ils avaient obtenu la délivrance des chrétiens, la liberté religieuse devait venir un peu plus tard.

Ôkoubo quitta l'ambassade à Berlin et rentra directement à Tôkyô (mai 1873), rappelé par le dissentiment du gouvernement avec Inoouhé Kahorou, qui, en son absence, dirigeait le Ministère des Finances ; la publication qu'il fit en juin, du premier résumé budgétaire, calma l'opinion. Il exposa alors des idées précises sur les relations internationales, sur leurs rapports avec la politique intérieure. « La Russie, naturellement attirée vers le sud, nous présente le plus grand péril ; presque autant à craindre est l'Angleterre prenant prétexte de nos emprunts pour intervenir chez nous ; la France et l'Angleterre occupant Yokohama depuis mai 1863, les puissances exerçant la juridiction chez nous, nous traitent en état barbare. L'incertitude de nos lois, l'émission exagérée de papier-monnaie, l'excès des importations appauvrissent le pays. Toute guerre empirerait la situation, ruinerait les entreprises entamées sur lesquelles nous fondons l'avenir. » La conclusion est d'éviter toute complication extérieure pour consacrer les efforts à affermir intérieurement le pays.

A ce moment même, la question de Corée passionnait les samourahi. Ce royaume a, dès l'histoire nébuleuse, été pour le Japon une terre à invasions fructueuses, à beaux coups de sabre ;

ravagée à la fin du XVIᵉ siècle, non sans une
fière, mais fragmentaire résistance, la Corée
acceptait des échanges commerciaux, recevait
du Chôgoun et lui envoyait des ambassades,
des lettres officielles sur pied d'égalité et conservait son indépendance entière : elle traitait
les Japonais de Tsousima, parqués à Pousan,
comme les Japonais agissaient avec les Hollandais de Désima. Au lendemain de la Restauration, le seigneur de Tsousima fut envoyé
avec des lettres impériales pour resserrer
les anciennes relations ; mais, la rédaction
impliquant la supériorité du Japon, la Corée
déclara son intention de rester enfermée chez
elle ; elle n'avait pas oublié le caractère remuant
de ses voisins de l'est ; elle éconduisit plusieurs
missions, vive mortification pour l'orgueil national et impérialiste des Japonais comme pour
leur vanité d'apôtres des idées occidentales. Le
gouvernement japonais, Saigô même, usèrent
de magnanimité envers un pays « arriéré »,
tant qu'ils furent absorbés par les soucis inté-
rieurs ; au printemps de 1873, les samourahi
inquiets pour eux-mêmes et les officiers de
la nouvelle armée commencèrent de discuter
la question ; Saigô, lié avec les uns et les
autres, comptant conquérir la prééminence pour
lui et les siens, disait qu'une diversion extérieure effacerait les divergences des partis, arrê-
terait l'amollissement des mœurs ; il voulait
aussi relever aux yeux du monde le prestige

national ; il était d'accord avec Sohézima, Itagaki, Gotô, Étô, les uns ministres, les autres sangi. Il demanda donc au gouvernement d'être envoyé à Seoul pour convertir la Corée à des idées modernes et amicales, sinon les lui imposer. La décision, suspendue par des questions de personnes, fut, par ordre de l'Empereur (18 août) différée jusqu'au retour d'Iwakoura : l'impression rapportée d'Europe par Ôkoubo et par Kido avait déjà agi sur le Souverain. Iwakoura, rentré le 13 septembre, était gagné d'avance à l'avis d'Ôkoubo, qui ne voulait pas que l'Empire s'engageât en Corée comme « un martin-pêcheur dans la coquille d'un huître qui baille : la Russie survenant jouerait le rôle du chasseur » ; en face du parti militaire, quelques semaines plus tôt maître de la situation, se forma un parti des réformes intérieures, qui reçut une force nouvelle de l'élévation d'Ôkoubo au poste de sangi (début d'octobre) ; Sandjô, président, ménageait les deux partis. Les séances des 14, 15, 16, 17, 18 au Dadjôkwan furent orageuses, Ôkoubo et Saigô défendant chacun son opinion, offrant chacun sa démission en cas d'adoption de l'avis contraire ; Iwakoura, voyant les réformes intérieures compromises, cessa d'assister aux séances, se disant malade ; Sandjô, ne pouvant se résigner à la démission de Saigô, dont il augurait mal pour la tranquillité du pays, tomba malade d'inquiétude. L'Empereur se rendit en personne près de Sandjô, puis de Iwa-

koura, et chargea celui-ci de présider le Conseil
pendant la maladie du premier : la nomination fut
officielle le 21 octobre. Iwakoura n'avait accepté
qu'à condition de suivre ses convictions : le 23, il
soumit le fond de la question au Souverain qui
se prononça pour les réformes intérieures. Le
même jour, Saigò donna sa démission ; sa
retraite fut imitée le 25 par les sangi Itagaki,
Gotò, Étò, Sohézima ; malgré la défense du gouvernement Saigò et Étò partirent secrètement
chacun pour sa province. Saigò restait toutefois
commandant en chef ; divers officiers de Satsouma le suivirent ; la garde impériale, privée
du chef qu'elle idolâtrait, s'agita. Òkoubo fit tête
à l'orage, résista froidement aux menaces, que
des membres du parti militaire vinrent lui faire
jusque chez lui. Au mois de novembre, le Conseil
était reconstitué, comprenant neuf ministres,
tous sangi, Katsou, Térasima, Itò, Òki, Kido,
Yamagata, Òkouma, Kouroda ; Òkoubo lui-même
dirigeait le Ministère de l'Intérieur qui venait
d'être créé : tous les clans importants étaient
représentés dans ce cabinet d'affaires. Le parti
militaire ne pardonna pas à Òkoubo ce qu'il appelait l'humiliation du pays.

Le 20 septembre 1875, une chaloupe du
Oūn-yò, faisant de l'hydrographie dans la baie
de Kang-hoa, essuya le feu des Coréens. La
question de Corée se réveillait donc ; mais la
situation à l'égard de la Russie et de la Chine
était momentanément réglée, les Français et les

Anglais avaient évacué Yokohama au mois de mars précédent, à la suite des négociations du ministre Térasima. Le Cabinet, où Ôkoubo figurait toujours à l'Intérieur, fut unanime pour demander réparation. Inoouhé Kahorou et Kouroda Kiyotaka, envoyés avec un millier d'hommes, obtinrent un traité signé à Kang-hoa (japonais Kôkwa, 26 février 1876) : un ministre japonais à Seoul, trois ports ouverts au commerce avec des « concessions » pour l'établissement des Japonais et des consuls exerçant la juridiction, la même situation en Corée que celle qui existait au profit des Européens en Chine et au Japon, la déclaration par la Corée elle-même de son indépendance pour les relations extérieures, tel fut pour le Japon le résultat de cette démonstration. Sans coup férir, le jeune Empire s'affirmait, à l'égard de ses voisins et de l'Europe, comme puissance civilisée à l'occidentale, acquérait de précieux avantages politiques et commerciaux.

Mais les samourahi regrettèrent leurs prouesses inaccomplies, en voulurent aux ministres d'avoir mis leur pays sur pied d'égalité avec la Corée. Ils ne surent aucun gré à Ôkoubo de son succès dans l'affaire de Formose. En janvier 1872, cinquante-quatre Loutchouans, poussés par la tempête, furent massacrés par les sauvages aborigènes ; l'année suivante, des pêcheurs japonais eurent le même sort. Bien que le royaume des Ryoukyou dépendît des Simadzou et par eux du gouvernement japonais, bien qu'un officier japonais avec une garde y résidât depuis le xviie siècle, le roi continuait de recevoir l'investiture chinoise par les soins du vice-roi du Fou-kien. L'incident fit sentir l'inconvénient de cette situation ambiguë : le roi fut élevé au rang de noble japonais (16 octobre 1872) et fixa sa résidence à Tôkyô (1873), tandis que le Japon prenait en mains les relations extérieures de l'archipel (octobre 1872), puis toute son administration (12 juillet 1874). La Chine resta immobile ; elle avait conclu avec le Japon (13 septembre 1871) un traité analogue aux traités sino-européens ; toutefois chacun des deux états gardait la juridiction sur ses propres sujets résidant sur le territoire de l'autre (lien qui devint pesant au Japon transformé) et promettait à l'autre ses bons offices à l'égard des puissances tierces. Cette demi-alliance et les anciens droits de suzeraineté permettaient à la Chine une attitude plus résolue ; le gouvernement japonais se crut libre d'agir à son gré à Formose, surtout quand le Tsong-li yamen eut déclaré à Sohézima, envoyé en mission (printemps 1873), que, les aborigènes étant des sauvages, la Chine ne se tenait pas responsable de leurs actes. Au printemps suivant, Saigô Tsougoumitsi fut chargé de châtier les Formosans (4 avril) ; les troupes concentrées à Nagasaki, devaient être transportées par des bâtiments américains et accompagnées par Legendre, un Américain au service du Japon. Le gouvernement des États-Unis, pour cause de neutralité, interdit à ses nationaux d'exécuter leurs contrats ; le Cabinet japonais était sur le point de renoncer à l'expédition. Mais Saigô Tsougoumitsi, prévenant des ordres contraires, partit avec son avant-garde, sur un navire récemment acheté de la compagnie « P. and O. », s'installa dans le sud de l'île et y commença des travaux de routes et de défense. Aussitôt des troupes chinoises furent envoyées dans le nord : une rupture était imminente. Ôkoubo sollicita d'être chargé de la négociation ; arrivé le 10 septembre à Péking, il repoussa l'arbitrage proposé des ministres européens, le jugeant dangereux pour la situation diplomatique de son pays ; mais il se heurta à l'obstination du Tsong-li yamen et, de guerre lasse, annonça son départ pour le 25 octobre. Sir Thomas Wade, qui suivait l'affaire de près, réussit à faire agréer son intervention officieuse et à écarter une guerre que ne désirait ni la Chine ni le Japon. La convention du 31 octobre consacra la responsabilité de la Chine pour ses sujets et stipula cinq cent mille taëls d'indemnité, tant pour les marins massacrés que pour les frais de l'expédition. A son retour, Ôkoubo proposa de garder cent mille taëls pour les familles des victimes et de restituer à la Chine le surplus : il espérait préparer un rapprochement des deux puissances de l'Extrême-Orient. Le gouvernement ne donna pas suite à cette idée, mais apprécia le succès du négociateur.

Le parti militaire, qui aurait préféré une action

brillante à Formose, fut blessé de la cession de
Sakhalin à la Russie. Déjà au commencement
du siècle, le Japon avait au sud de l'île quelques établissements de pêcheurs avec des temples
et de faibles garnisons ; les Russes, sous l'impulsion de Mouraviev (à partir de 1847), s'étendirent
dans le nord de l'île. A plusieurs reprises (1853,
1861), des négociations de délimitation furent
ouvertes et aboutirent à un condominium (18 mars
1867) ; à la suite d'une mission de Kouroda Kiyotaka (1870) envoyé à Sakhalin sous l'inspiration
d'Ôkoubo, Sohézima se rendit à Posiet (mai 1871),
puis devenu ministre des Affaires étrangères,
tenta d'acheter les droits de la Russie ; la combinaison échoua. Finalement (7 mai 1875), Énomoto Takéaki signa à Saint-Pétersbourg la
cession de Sakhalin en échange des îles Kouriles ;
chacun des deux états avait des établissements
sur les deux territoires, mais Sakhalin présente
une étendue, une valeur économique et stratégique plus grandes. L'amour-propre national
déclara que Sakhalin était une marche héréditaire de l'Empire, oubliant que ce n'était qu'un
comptoir, que le climat en convenait peu aux
Japonais, qu'il était prudent d'assurer, par une
entente avec la Russie, la sécurité du développement de Ézo ; on accusa Ôkoubo d'avoir influé
sur le ministre des Affaires étrangères, d'avoir
sacrifié l'honneur du pays.

Il serait plus exact de dire que, dans cette
affaire, comme dans les autres, Ôkoubo cherchait

d'abord les avantages solides; tout en ménageant l'avenir à l'extérieur, il voulait affermir l'Empire à l'intérieur, il se refusait à le lancer dans les aventures qui attiraient les samourahi.

Les dernières réformes et les dernières luttes
(1873-1878).

La retraite de Saigô et des autres sangi (octobre 1873) eut des conséquences graves. Retiré en Satsouma, chassant ou pêchant dans les montagnes, Saigô suspendit toute correspondance avec Ôkoubo ; auparavant, par des lettres fréquentes, il informait son ami des faits, lui communiquait ses opinions ; il ne cessa pourtant pas de s'intéresser aux affaires du pays, blâmant à haute voix le gouvernement, souvent se disant mort à la vie publique, parfois déclarant que l'heure de jouer un rôle n'était pas revenue. Il conservait le titre de commandant en chef, utile pour légitimement reprendre un jour la direction des forces de l'Empire, chasser les adversaires de ses idées, s'imposer comme représentant suprême du Tennô. Il préparait ses moyens d'action : les fortifications de Kagosima et de Sakourazima, les poudrières, l'arsenal travaillant chaque jour avec plus de cinq cents ouvriers, les samourahi du clan, dévoués à leur héros Saigô Takamori encore plus qu'à Hisami-

tsou, resté un grand seigneur peu abordable,
malade, oublié. Il s'appuyait sur les « écoles privées », sa création, à laquelle, du jour de sa
retraite, il consacra la pension que le gouvernement impérial l'avait forcé d'accepter en 1869 ;
c'était une association entretenue et dirigée par
lui et ses amis, avec des succursales dans tout le
Satsouma ; les membres, presque tous de Satsouma, faisaient serment de fidélité à l'institution
et aux chefs, quelques-uns étaient périodique-
ment échangés entre l'école principale et les succursales, aucun ne devait s'éloigner de sa résidence sans autorisation ; les plus jeunes étaient
élevés dans les principes d'honneur, de morale
sévère des samourahi, instruits à défendre l'Empereur et le peuple, dressés chaque jour à tous les
exercices militaires. On y discutait avec passion
les droits méconnus des samourahi, les actes des
ministres de Tôkyô, tyranniques par leur rigueur
à l'occidentale, plats devant l'étranger, cupides,
adonnés au plaisir ; on y lisait en frémissant les
articles du Hyôron Simboun commentant amère-
ment les faits. Les « écoles privées » étaient des
clubs politiques, des confréries morales, des
écoles militaires ; elles comptèrent jusqu'à sept
mille membres pour Kagosima, mille, cinq cents,
trois cents pour les diverses succursales, en tout
vingt mille ; elles envoyèrent des étudiants en
Europe, engagèrent des instructeurs militaires
étrangers. Pour prix de l'appui prêté à l'abolition
des clans, le Satsouma était resté féodal ; Ôyama

Tsounayosi, vice-gouverneur, tint la place de
préfet après 1871, personne n'ayant été nommé
pour remplacer Simadzou Tadayosi; Ôyama était
ami de Saigô, choisi par lui; les autres fonctionnaires, les officiers, tous originaires de la province, étaient dévoués à Saigô, membres pour la
plupart des « écoles privées ». Sinowara Kouni-
mori, devenu chef effectif des « écoles privées »,
Mourata Simpatsi, Kirino Tosiaki, bien d'autres
officiers de Satsouma, des soldats de la garde
impériale, des agents de la police, avaient donné
leur démission en 1873 pour suivre le commandant en chef. Saigô Takamori était maître en
Satsouma; instruit par sa déconvenue de 1870,
il comptait sur le Satsouma seul pour dominer
l'Empire.

Au début, les « écoles privées » avaient des
membres peu nombreux; on y visait à diriger les
samourahi restés en Satsouma ou rentrés de
Tôkyô, tous dans une situation difficile sous les
institutions se transformant; on leur enseignait,
selon les préceptes écrits par Saigô et affichés
partout, la fidélité pour le Souverain, le respect
des droits du peuple, le souvenir des héros
morts; on prétendait, tout en les instruisant dans
les sciences chinoises et européennes, les former
à la vie agricole. Parfois les élèves voyaient
Kirino, et Saigô lui-même, manier la bêche au
milieu d'eux. De cette période morale et idylli-
que, il resta quelques traces. Tous les hommes
du clan, ceux de Tôkyô aussi, Ôkoubo et les

autres, fournirent des fonds et s'intéressèrent à
l'œuvre d'acclimatation des samourahi dans la
société nouvelle; des hommes étrangers au clan,
Katsou Awa, par exemple, sollicitèrent pour de
jeunes protégés l'admission dans les « écoles
privées ». Mais tous les opposants avaient les
yeux sur le Satsouma et sur Saigô, partageant
ses griefs avoués, essayaient en vain de le décider à l'action, venaient à Kagosima ; les membres des écoles se multipliaient, l'agitation politique croissait, gagnait facilement Sinowara et
Kirino, entraînait Saigô: il était le chef moral,
pouvait-il abandonner les siens? Peut-être la
rébellion ne fut-elle jamais prévue, le but moral
et social couvrait aux yeux des chefs leur haine
contre le gouvernement, leur cachait le danger
national de l'organisation militaire centralisée
dans leurs mains : un jour, les préparatifs faits
imposèrent l'action.

Hors du clan de Satsouma, l'opinion ne se
trompa point sur la retraite de Saigô; à partir de
1873, elle fut en éveil ; le gouvernement, secouant
bientôt l'illusion première de Katsou, d'Ôkoubo,
s'inquiéta aussi ; mais trouvant partout dans le
sud-ouest, jadis son point d'appui, l'opposition des samourahi, il ne pouvait prendre en
Satsouma des mesures précises ; il attendit,
comptant sur le temps, tâchant de ramener Saigô
Takamori. Les tentatives inspirées de Tôkyô,
faites par Ôyama Iwaho (août 1874) rappelé d'Europe tout exprès, par Sandjô qui écrivit une

lettre et l'envoya par son propre frère (1875),
restèrent sans succès ; Ôyama, retournant en
Europe en mai 1876, voulut emmener son ami
Takamori et l'instruire par la vue de l'étranger :
Saigô resta dans sa retraite.

Le silence énigmatique de Saigô Takamori
fut une menace permanente sur ces années.
En janvier 1874, une bande de samourahi tenta
d'assassiner Iwakoura. Étô Simpéi, l'un des
sangi démissionnaires, s'était retiré dans sa province, à Saga en Hizen ; en février, il se mit à
la tête de samourahi soulevés au cri de :
Guerre à la Corée, rétablissement des daimyô,
expulsion des étrangers ; il chercha à nouer
des relations avec Saigô, qui l'éconduisit. La
Cour inquiète envoya Hisamitsou à Kagosima ;
Takamori, appelé par l'ancien seigneur, sortit
de ses montagnes ; il refusa et de lutter contre
les rebelles et de retourner à Tôkyô, où Hisamitsou dut rentrer seul sur un appel pressant
de l'Empereur. Cependant la division de Koumamoto avec les renforts commandés par Nodzou,
écrasait la révolte avant l'arrivée du prince de
Higasi-housimi (plus tard prince de Komatsou)
et de la garde impériale. Ôkoubo, muni de pouvoirs étendus pour la pacification, accompagnait
les troupes de Nodzou. En avril, Étô et une
dizaine de ses principaux complices furent jugés
et décapités.

Hisamitsou, à son retour, fut nommé sadaizin
(avril), devenant le second personnage de l'Em-

pire, prenant place après Sandjô et avant Iwakoura ; demeuré féodal, il défendait avec con-
stance un plan de gouvernement par l'Empereur
assisté des chefs des trois ou quatre principaux
clans. Sa présence semblait au gouvernement une
sécurité, peu gênante, puisque ses avis n'étaient
pas écoutés ; elle donnait peu de force au Cabinet,
dont Kido se sépara pour protester contre l'expédition de Formose, et qui était attaqué par
Itagaki retiré à Kôtsi, réclamant le gouvernement d'opinion du serment impérial, demandant
avec Sohézima et Gotô l'élection d'une assemblée
par le peuple. Cet isolement sembla dangereux
à Ôkoubo ; Itô Hiroboumi, alors sangi, se mit
d'accord avec Inoouhé Kahorou, qui, depuis sa
démission (mai 1873), s'occupait d'affaires commerciales ; ils organisèrent une réunion politique : à Ôsaka, au milieu de janvier 1875, se
rencontrèrent Itagaki Taisouké qui retournait à
Kôtsi, Kido Takayosi venant de Yamagoutsi ;
Ôkoubo Tosimitsi vint après entente avec Sandjô
et Iwakoura ; Itô, Inoouhé, d'autres moins connus,
ne furent pas inutiles pour rapprocher les chefs
politiques. La réunion convint de réformes pro-
chaines pour préparer l'établissement d'une constitution complète ; désireuse d'obvier aux dissensions trop fréquentes dans le Conseil, elle
posa les bases d'un parti de gouvernement,
chaque membre s'engageant à régler sa conduite
sur la décision de la majorité ; elle décida que
tous les membres d'un Cabinet seraient solidaires.

Le manifeste du nouveau parti fut, dit-on, rédigé par Ôkoubo. Itagaki sollicita la collaboration et l'assentiment de Saigô pour le principe nouveau et pour les réformes projetées; la démarche fut vaine. Les hommes politiques rentrèrent en février à Tôkyô; Kido (8 mars), Itagaki (12 mars) furent nommés sangi.

Les réformes promises ne tardèrent pas, ayant pour effet de rapprocher l'organisation du modèle proposé en 1868. Le pouvoir judiciaire, nettement séparé, fut complété par une Cour suprême (14 avril, 24 mai 1875), ayant mission de casser ou de réformer les jugements, d'émettre des avis interprétatifs. Le Conseil de Cabinet restant formé des sangi, ministres ou non ministres, le Ouin et le Sain furent supprimés; un Sénat (Genrôin) fut institué et formé de kwazokou, de fonctionnaires, de légistes, d'hommes de mérite, tous désignés par décret impérial; il eut à examiner les lois, lorsqu'elles lui furent communiquées par le Cabinet. La chambre basse fut provisoirement remplacée par l'assemblée des fonctionnaires locaux, créée déjà par décret du 2 mai 1874; tous les ans, les préfets furent convoqués à Tôkyô pour étudier les questions posées par les Ministères ou présentées par les fonctionnaires locaux eux-mêmes; les ministres vinrent prendre part aux discussions, une publicité restreinte fut autorisée pour les séances; les sessions furent ouvertes et closes par l'Empereur, eurent lieu régulièrement, sauf en 1876 en raison d'un voyage impérial, en 1877 à cause de la rébellion du sud-ouest. En principe, le président devait être élu par l'assemblée, en fait le poste fut toujours confié à un sangi nommé par l'Empereur. Cette assemblée consultative éclairée était appréciée d'Ôkoubo, à qui elle fournissait d'utiles renseignements sur le pays et dont elle portait l'action jusque dans les provinces ; mais elle n'exprimait pas l'opinion publique. Aussi Itagaki saisit une occasion et se retira une seconde fois (octobre 1875) ; il était trop pressé, au gré d'Ôkoubo et de Kido, qui préparaient la base de la constitution, mais ne jugeaient pas arrivée l'heure de la rédiger.

A travers les dissensions et les soucis, Ôkoubo, sangi et ministre de l'Intérieur, poursuivait avec calme, sans trêve, les réformes administratives, économiques, sociales qu'il trouvait plus urgentes. La rédaction des codes à laquelle travaillait un juriste français qui l'avait accompagné à Péking, la révision des traités, la construction des voies ferrées, tout était présent à son esprit ; autour de lui il conseillait, dans son Département il agissait, réorganisant la police (1875 et 1876), favorisant l'exploitation des forêts, le défrichement des terres, l'extension de la culture du mûrier et du thé, la préparation du sucre et de la laine, instituant les expositions quinquennales d'Ouhéno (juillet 1876), fondant l'école agricole de Komaba (septembre 1876), projetant des écoles industrielles, commerciales, de marine

marchande. Prodigue pour toutes les institutions
productives, il combattait le goût de l'apparat,
l'imitation de l'Europe, dont la manie sévissait
alors ; il eût volontiers remercié la plupart des
employés étrangers, estimant que les Japonais
instruits au dehors étaient, mieux que n'importe
qui, capables de connaître et de réformer leur
pays. Le 19 avril 1876, il reçut un honneur
extraordinaire, le Tennô étant venu le voir chez
lui et s'étant fait présenter sa femme et ses
enfants ; au mois de mai, accompagnant l'Empereur dans le nord, il en profita pour étudier
l'état de l'industrie et de l'instruction dans
cette région moins avancée et dont il confia le
développement à des préfets de choix.

La Restauration avait fait tomber les règlements restrictifs de la construction des grandes
jonques et, dès 1870, Iwasaki Yatarô avait formé
la compagnie dite « de Tosa » et lancé plusieurs bâtiments à vapeur. Lors de l'affaire de
Formose, l'insuffisance de ces navires, aussi bien
que de la flotte militaire naissante, embarrassa
le gouvernement, auquel les États-Unis et l'Angleterre refusaient le concours de leur marine
marchande. Le Ministère des Finances acheta
sur place des navires et, à l'issue de l'expédition,
les employa comme bateaux-poste entre le Japon
et Chang-haï (30 mars 1875). Au mois de juillet,
ces bateaux, au nombre de treize, passèrent sous
le contrôle du Ministère de l'Intérieur et furent
confiés à Iwasaki : telle fut l'origine de la com-

pagnie « Mitsoubisi », qui reçut une subvention annuelle de deux cent cinquante mille yens[1]. Jusqu'alors la navigation de cabotage et de haute-mer était aux mains des étrangers. Òkoubo saisit cette occasion de rendre son pays indépendant ; après 1876, la concurrence de la compagnie « Peninsular and Oriental » devenant ruineuse, il édicta et maintint, malgré l'opposition des légations, un règlement protecteur sous forme de règlement de police ; il fit ainsi triompher la compagnie japonaise. Iwasaki acheta la flotte de la compagnie « Pacific Mail Steamship » ; par ses talents d'administrateur, il seconda les desseins d'Òkoubo ; en peu d'années la compagnie « Mitsoubisi » établit des relations régulières des ports du Japon les uns avec les autres et des principaux d'entre eux avec les escales de la côte de Chine. Plus tard (1885) la compagnie « Mitsoubisi » et une rivale plus jeune se fondirent dans la puissante compagnie « Nippon yousen kwaicha ».

La perception des impôts indirects et fonciers avait été unifiée en 1873 (juillet et décembre) ; l'impôt foncier, fixé à 3 pour 100 du prix d'évaluation porté sur le titre officiel, pesait lourdement sur les cultivateurs accablés au temps de la féodalité, incapables encore de sentir le bien d'un régime économique différent. Au lendemain

---

1. On peut admettre 5 francs comme valeur moyenne du yen pendant cette période.

de la réunion d'Ôsaka (24 mars 1875), une commission pour la réforme de l'impôt foncier fut formée et mise sous la présidence d'Ôkoubo ; celui-ci poussa activement le travail et, le 4 janvier 1877, un décret fixa à 2,5 pour 100 le taux de l'impôt ; on essaya aussi de l'exiger totalement en argent, mais, en raison des difficultés rencontrées, on autorisa, quelques mois plus tard, le paiement moitié en argent moitié en nature. L'allégement de l'impôt foncier profitait à la classe productive des agriculteurs, mais il diminuait les recettes de huit millions de yens ; la conversion déjà opérée des pensions permettait ce sacrifice. La création de l'armée et de la flotte, l'établissement des phares, du télégraphe, de la monnaie et de l'imprimerie officielles, de l'université, la colonisation de Ézo, les encouragements à toutes les industries, étaient payés sur les ressources ordinaires. Les expéditions de Formose et de Corée, la répression des troubles de Saga et des autres mouvements jusqu'à la fin de 1876 coûtèrent environ douze millions de yens ; il existait d'ailleurs un fonds de réserve de plusieurs dizaines de millions. Le gouvernement s'était chargé des dettes du Bakou-hou et des daimyô pour la période 1844-1867, ainsi que de celles qu'avaient contractées les seigneurs entre 1868 et 1871 ; en 1876, il restait débiteur de vingt-deux millions, dont plus de la moitié portait intérêt. Deux emprunts pour rachat de pensions féodales et pour diverses entreprises d'utilité publique, contractés à Londres en 1869 et 1873, portaient intérêt sur un capital de plus de douze millions de yens. Des pensions féodales converties volontairement représentaient un capital de seize millions et demi, productif d'intérêts. Pour faire face aux dépenses causées par les événements de la Restauration, la Cour avait aussi émis du papier-monnaie et des bons du trésor ; elle en avait encore créé afin de retirer de la circulation les billets de tout aspect lancés par les daimyô (il y en avait environ seize cents variétés) ; la circulation fiduciaire se montait au début de 1877 à plus de quatre-vingts millions de yens ; les billets, d'abord dépréciés, étaient revenus au pair ; toutefois on avait dû renoncer à établir l'étalon d'or, que Itô Hiroboumi avait fait admettre en principe dès mai 1871.

Les charges financières étaient complexes plutôt que lourdes, la situation du trésor s'améliorait ; le principal souci du gouvernement venait des pensions dues aux anciens daimyô et samourahi. La loi de restitution des fiefs, diverses autres lois de 1870 et 1871 avaient fixé le montant de la pension payable en riz à un dixième du revenu nominal du fief pour les daimyô, généralement à un quart de l'ancienne allocation nominale pour les samourahi ; cette dette perpétuelle, hétérogène aux autres obligations de l'État, embarrassait le budget, au détriment surtout des quinze millions d'agriculteurs ; les créanciers qui en vivaient, au nombre

de trois cents mille titulaires, n'avaient plus de
rôle dans la société depuis la chute de la féodalité, ils formaient une classe improductive. En
1873, le gouvernement proposa aux titulaires de
leur verser une somme égale à six années de
revenu pour les pensions personnelles, à quatre
années pour les pensions héréditaires ; la somme
serait représentée moitié par des espèces, moitié
par des titres négociables, remboursables et
portant intérêt à 8 pour 100. On espérait que
nombre de samourahi renonceraient à leur
oisiveté et que leurs capitaux seraient employés
dans des entreprises productives. Peu de pensionnés acceptèrent. En 1875 et 1876, la situation avait à peine changé ; Ôkoubo obtint un
décret (5 août 1876) rendant obligatoire la conversion des pensions ; le capital reconnu aux
titulaires variait entre quatorze années de revenu pour les pensions les plus faibles et cinq
pour les plus fortes, l'intérêt était fixé entre 5
et 7 pour 100 selon l'importance du capital, le
capital était remboursable dans un délai de trente
ans ; les dispositions différaient un peu pour les
pensions à vie. C'était une spoliation ; on la jus-
tifia par l'utilité supérieure du développement
économique et social : les intérêts de la nouvelle
dette, tant de 1873 que de 1876, étaient de plus
de huit millions de yens au-dessous de la somme
moyenne des pensions.

Un autre coup avait été porté à la classe des
samourahi par la loi militaire du 5 novembre

1875 qu'Ôkoubo avait vivement soutenue ; cette loi précisait et mettait en vigueur celle de 1872 ; elle fut appliquée par Saigô Tsougoumitsi. L'armée, devenant nationale, était pour le gouvernement un instrument de domination, de fusion des classes et des clans ; les samourahi, les clans du sud-ouest perdaient leur privilège de défenseurs du Souverain. Leurs autres droits avaient disparu ; interdites les marques d'honneur pour la noblesse, les hommes du peuple ne descendaient plus de cheval devant leurs supérieurs, sur le passage des daimyô on ne criait plus : *sita ni* (1869) ; l'Empereur se montrait en public sans exiger que l'on se prosternât (octobre 1871). Les deux sabres, l' « âme du samourahi », restaient, quoique beaucoup les laissassent reposer depuis la permission accordée en septembre 1871 ; du moins, les hommes de Satsouma, de Nagato, les gardaient avec fierté ; le 28 mars 1876, une ordonnance défendit de porter les deux sabres sous peine de confiscation. L'interdiction de l'emblème de l'honneur fit sentir à Simadzou Hisamitsou ce qu'il n'avait pas encore compris, la fin de la féodalité : il partit de Tôkyô le 5 avril, escorté de ses samourahi emportant leurs sabres dans des étuis de coton.

Ni l'ordonnance de mars ni la loi de conversion ne soulevèrent les samourahi en un mouvement unique ; les liens de clan l'emportèrent sur les intérêts de classe. Seuls les samourahi du Satsouma protestèrent d'abord, s'appuyant sur ce

qu'ils étaient possesseurs des terres d'où sortaient
leurs revenus : en raison de cette condition spéciale, ils obtinrent 10 pour 100 d'intérêt pour
leurs titres. Le gouvernement les ménageait
encore.

Hisamitsou avait tenté la lutte contre Ôkoubo
et les idées modernes ; en 1874, après les troubles de Saga, il avait communiqué à Sandjô et à
Iwakoura un mémoire destiné à l'Empereur ; il
s'était laissé persuader de le reprendre. En octobre 1875, juste avant le décret appliquant la
loi de service militaire universel, au moment
des mesures préalables à la conversion obligatoire des pensions, il s'associa à Itagaki, qui
demandait une séparation complète entre les
fonctions de ministre et celles de sangi ; dans le
mémoire présenté, il s'élevait contre les fonctionnaires corrompus et incapables, accusait Sandjô,
reprochait à ses anciens kérai de faire cause
commune avec les mauvais ministres : « S'ils
désobéissent au chef de leur clan, comment
seront-ils fidèles au Souverain ? » Ôkoubo était
spécialement visé, et avec lui Kawamoura, vice-
ministre de la Marine, Térasima, ministre des
Affaires étrangères, Kouroda, chef du département colonial (Ézo), le général Kawadzi, préfet
de police, le général Saigô Tsougoumitsi, commandant la garde impériale : tous ces hommes,
de Satsouma, ne représentaient plus leur clan,
s'élevant à un patriotisme plus vaste, ils ser-
vaient l'Empire. Simadzou Hisamitsou dressait

en vingt articles la liste de ses doléances ; il protestait contre l'usage du calendrier grégorien, contre l'abandon habituel des deux sabres et l'adoption du costume étranger, contre la promiscuité de l'Empereur avec des hommes de toutes classes, contre l'oisiveté imposée aux nobles, contre le nombre, les mœurs dissipées, les dettes des fonctionnaires, contre l'influence étrangère dans les écoles, dans l'instruction militaire, dans les bureaux, contre la tolérance pour le christianisme, contre la rigueur des nouveaux règlements. Cette protestation de l'ancien régime ne pouvait être écoutée par le nouveau. Simadzou comptait provoquer une crise et être chargé de former un Cabinet : Ôkoubo n'eut pas de peine à obtenir que ces idées fussent expressément repoussées. Le vieux seigneur donna sa démission (27 octobre), avec Itagaki, l'avocat des assemblées élues par le peuple ; mais, en novembre, il accepta un poste honorifique dans la Maison de l'Empereur.

Au printemps suivant (28 mars), Kido se retira aussi pour raison de santé : partisan d'une politique modérée et prudente, il trouvait Ôkoubo trop audacieux ; les divergences étaient minces, mais les deux tempéraments, ardemment logiques, s'accordaient mal. Les chefs politiques, unis à Ôsaka, étaient de nouveau divisés. Ôkoubo, dominant ses lieutenants, restait à la tête du Conseil, soutenu par la confiance de l'Empereur, de Sandjô et d'Iwakoura : seul il portait le

fardeau des affaires, assumait toutes les res-
ponsabilités.

Mais les opposants étaient dans le pays, chefs
politiques et samourahi, les uns militaires et fédéralistes, les autres progressistes, partisans de
l'élection populaire, d'autres simplement mécontents, voulant retourner au passé ; organisés en
Satsouma, ils étaient ailleurs sans cohésion.
Malgré le calme régnant depuis l'affaire de Saga,
on sentait les troubles imminents. Le 24 octobre 1876, cent soixante-dix hommes en ar-
mure de samourahi pénétrèrent la nuit dans les
casernes de Koumamoto, massacrèrent trois cents
soldats dans leur sommeil ; puis s'étant retirés
sur les collines, une partie fit le harakiri, tandis
que les autres se rendaient et que le reste se
faisait tuer. Quatre cents samourahi d'Akidzouki,
en Tsikouzen, se levaient pour s'unir aux premiers, attaquaient Houkouoka ; ils furent facilement arrêtés. Les uns et les autres faisaient
partie de l'association des Simpoûren dont le
programme était : Sus aux barbares, honneur
aux samourahi. En Nagato, Mahébara, un combattant de la Restauration, réunit cinq ou six
cents hommes, en apprenant le soulèvement de
Koumamoto (26 octobre) ; il voulait délivrer l'Empereur prisonnier des mauvais conseillers ; un
combat fut livré devant Hagi (1ᵉʳ novembre) ; des
troupes et des forces de police mirent fin aux
troubles en une quinzaine. Mahébara et dix des
chefs pris à Koumamoto, Hagi et Akidzouki,

furent décapités ; deux cent cinquante des rebelles
furent condamnés à la prison. A la même époque
on découvrit un complot dirigé contre Ôkoubo :
son énergie, son influence dans le gouvernement
le désignaient aux coups. Tous les ministres se
sentirent menacés et se firent garder par des
forces de police et des escortes de cavalerie.

Le Satsouma restait immobile, malgré l'agitation née dans les « écoles privées » à la nouvelle des soulèvements voisins ; Saigô avait re-
poussé vivement la suggestion de soutenir
Mahébara, par loyalisme ou par hésitation, ou ne
se sentant pas prêt. Il avait pour lui les autorités
locales, et peut-être le vieux Hisamitsou, affaibli,
résigné en apparence, désireux dans le cœur de
voir rétablir la suprématie de son clan ; il avait
les « écoles privées » et les autres samourahi du
clan, certainement aussi beaucoup de ceux des
provinces voisines qui, à l'heure du combat,
manifesteraient une sympathie active ; il avait les
armes et les munitions de l'arsenal, des ressources pécuniaires modestes, trésor local de
Kagosima et fortune privée des membres du
parti, mais des vivres assurés par l'appui des
populations, surtout de celles de la fertile province de Higo. Outre les véritables combattants,
en Satsouma même, peut-être les paysans, les
marchands, animés d'esprit local, prendraient-ils
les armes pour leur héros et leurs privilèges ;
mais la population totale de la province n'atteignait pas deux millions contre trente-quatre mil-

lions d'âmes pour tout le pays. En fait, le nombre des rebelles à la fois sous les armes ne dépassa jamais vingt-deux mille. Le gouvernement, d'autre part, pouvait compter sur tout le corps des fonctionnaires, de Tôkyô et des provinces, hommes nouveaux, attachés par conviction ou par intérêt au régime actuel ; exercés, habitués à l'action par les événements récents, ils étaient capables de maintenir l'unité de direction. L'armée reconstituée par Saigô Tsougoumitsi, instruite et disciplinée, atteignait avec la garde impériale trente-cinq mille hommes sur pied de paix, cinquante mille sur pied de guerre ; la police bien exercée comptait dix-huit mille hommes; mais toutes ces forces ne furent pas employées aux opérations : quarante mille hommes au maximum firent campagne en même temps. Cette armée, formée en partie de héimin, était méprisée des samourahi et de leurs chefs, ignorant les progrès accomplis depuis trois ans, oubliant que ces héimin combattraient pour leurs droits nouveaux contre les anciens privilèges. La marine, peu nombreuse, était tout entière impériale : les équipages et les officiers, presque tous de Satsouma, étaient, contre l'espoir des « écoles privées », dévoués au gouvernement éclairé, dont ils avaient à attendre plus que d'une réaction féodale. Les postes et le télégraphe, les trente-huit bâtiments de la compagnie « Mitsoubisi », des réserves en riz et en monnaie, l'emprunt, le pouvoir suprême en un mot, et tenu pour légitime, appartenaient au gouvernement de Tôkyô.

Saigô hésitant, ses amis Sinowara, Kirino, Ôyama Tsounayosi, décidèrent pour lui, comme jadis les karô agissaient pour les seigneurs : ne voyant que les « écoles privées » qu'ils dirigeaient et qui les poussaient en avant, ils faisaient peu de cas des forces modernes du gouvernement impérial. Les hommes de Satsouma présents à Tôkyô, inquiets de l'agitation persistante du sud-ouest, des préparatifs continus de Kagosima, obtinrent d'Ôkoubo et de Kawadzi l'envoi d'une vingtaine d'agents de la police, en congé dans leur province, avec la mission secrète d'expliquer à leurs parents et amis l'opposition faite par les « écoles privées » au gouvernement impérial. Le 3 février, ces agents furent saisis dans les villages par les membres des « écoles privées » et amenés à Kagosima. La ville était déjà en effervescence : des bâtiments de la compagnie « Mitsoubisi » avaient été envoyés par le Ministère de la Guerre, depuis le début de janvier, pour prendre à l'arsenal des armes et des poudres et les transporter à Ôsaka ; tout d'un coup, les 29 et 30 janvier, plusieurs centaines de membres des « écoles privées » avaient forcé l'entrée de l'arsenal, pillé les armes et munitions, frappé les agents officiels ; le bâtiment qui chargeait alors, entouré le 2 février, s'était dégagé avec difficulté et était parti pour Kôbé. Sinowara, Kirino, Mourata ne firent rien pour calmer la mutinerie, ils se bornèrent à envoyer chercher Saigô Takamori

qui chassait en Ósoumi : à regret, Takamori
arriva, peut-être plus clairvoyant que les autres,
faisant en héros romanesque le sacrifice de sa
vie à un point d'honneur que sa conscience loyaliste réprouvait. Tout ce début n'était peut-être
pas concerté. Mais le préfet Óyama, loin d'apaiser les troubles, mit illégalement à la torture les
agents de police arrêtés, leur arracha l'aveu
qu'ils étaient envoyés par Ókoubo et Kawadzi
pour assassiner le commandant en chef. A son
arrivée, celui-ci reçut cette révélation et se crut
en état de légitime défense ; le 9, il écrivit offi-
ciellement au préfet que, « ayant quelques questions à adresser au gouvernement, il partirait
prochainement avec un grand nombre d'hommes
des anciennes troupes ». Le 12, Óyama publia
avec approbation cette lettre, ainsi que les aveux
des agents de police ; il adressa une notification
analogue aux préfets et autorités militaires placés sur la route de Saigó, ajoutant que l'Empereur était prévenu : il tâchait ainsi d'écarter toute
opposition. La mobilisation des membres des
« écoles privées » fut achevée en deux jours ;
toutes les troupes étaient en marche le 17 février.
Les mesures étaient bien prises et, s'il y avait eu
du désarroi lors des premiers mouvements à
l'arsenal, l'intervention du préfet Óyama avait
mis de l'ordre dans la rébellion.

Le gouvernement n'avait concentré aucune
force en Kyouchou, ni même à Ósaka ou Kyóto ;
les garnisons de Koumamoto et de Houkouoka

avaient leurs effectifs normaux. La Cour était
alors à Kyôto et l'inauguration de la voie ferrée
de Kyôto à Ôsaka était fixée au 5 février. Le 4
au soir, arriva la nouvelle des troubles ; elle ne
fut divulguée que le lendemain après la céré-
monie ; l'amiral Kawamoura, ami de Saigô, envoyé après un premier conseil de Cabinet, arriva
à Kagosima le 9 ; il eut plusieurs entretiens avec
Ôyama, Kirino, Mourata, qui s'opposèrent à ce
qu'il vît Saigô. Pendant ce temps, Ôkoubo avait
été mandé de Tôkyô à Kyôto ; lui ni ses amis
ne crurent que Saigô prît part au mouvement ;
il persuada au Conseil que Takamori était resté
dans sa retraite, et obtint l'envoi d'un message
pour s'informer de Hisamitsou et de Takamori, en
les assurant de la bienveillance impériale ; lui-
même demandait instamment à se joindre au
prince d'Arisougawa choisi comme envoyé ; il était
persuadé qu'une entrevue avec son ami d'enfance
dissiperait tous les malentendus. La nouvelle du
départ des premières troupes rebelles chassa ces
illusions ; le 19 février, le prince d'Arisougawa
fut nommé commandant en chef contre ce même
Saigô qui avait été son aide de camp en 1868.
Dès lors, l'armée fut chargée de la répression,
tandis que Sandjô, Kido, Itô, résidant à Kyôto
ou à Ôsaka contrôlaient les opérations, tandis
que Saigô Tsougoumitsi, au Département de la
Guerre, veillait au recrutement, à l'entretien des
troupes. Ôkoubo Tosimitsi se tint un peu à l'écart ;
son cœur était brisé, il voyait l'ami de sa jeunesse et

de sa maturité, le compagnon de ses travaux, déchirer l'unité impériale, il n'avait pu cette fois aver-
tir à temps cette âme romanesque et généreuse
dont il avait jadis refréné les impulsions trop vives ;
il sentait Takamori entraîné par sa fidélité aux siens
plus que rebelle volontaire. Ôkoubo, pendant
la lutte, continua ses fonctions sans trouble appa-
rent ; il méprisait les entreprises dirigées contre
lui par les samourahi tous dévoués à Saigô. Hayasi
Youzô, Moutsou Mounémitsou, plus tard ministre,
plusieurs autres avaient formé le projet de le
tuer entre Kyôto et Ôsaka ; averti, Ôkoubo ne
fit part du complot à aucun de ses collègues,
mais il nota dans son journal le fait qui fut connu
après sa mort.

Aucun clan ne se leva pour soutenir les rebelles du Satsouma ; mais le Hizen s'agitait ; des
bandes armées se montrèrent (mars) en Tsikouzen, en Bouzen, en Boungo, inquiétant l'armée
impériale qui occupait le nord de l'île, prêtes à
accueillir les samourahi de Tosa : elles furent
facilement dispersées, l'état de siège fut alors
étendu à Kyouchou tout entier. En Honchou,
les clans de Bizen et d'Inaba étaient mécontents,
mais divisés. Le Tosa était plus redoutable, ayant
des forces et un chef ; depuis sa retraite, Itagaki
avait formé un parti d'opposition, comptant des
adhérents dans nombre de clans et demandant
l'élection populaire des représentants ; Itagaki
savait Saigô, féodal et fédéraliste, plus hostile
à ses idées que le gouvernement même, il s'était

prononcé pour les moyens légaux seuls. Mais beaucoup de samourahi de Tosa, fidèles aux anciennes idées, étaient favorables au Satsouma, se préparaient à lui prêter main-forte : une conspiration fut découverte en juillet, il fallut augmenter la garnison dans la préfecture, désarmer les habitants, dégrader et emprisonner les instigateurs. Cette tentative diminua l'effet du mémoire qu'Itagaki avait rédigé en juin et fait parvenir en juillet à l'Empereur. Itagaki passait en revue le désarroi des finances et de la politique étrangère, le désaccord habituel des Ministères, le poids exagéré des taxes dépensées uniquement pour la Capitale, l'abaissement des samourahi au rang des héimin qui étaient traités en esclaves, alors qu'il aurait fallu élever le niveau moral, étendre les droits du peuple. Itagaki insistait sur le despotisme du gouvernement, oligarchie tirée de quelques clans, concentrant tous les pouvoirs, ayant dans l'armée nationale un instrument trop parfait : la nation qui combat, ne peut rien décider pour ses intérêts locaux, n'est pas consultée pour les affaires de l'État : est-ce là le régime promis par le serment du Tennô ? Le gouvernement avait alors assez à faire d'écraser les rebelles de Kyouchou, de maintenir l'ordre dans le reste de l'Empire : le document remarquable présenté par Itagaki ne produisit pas d'effet immédiat, mais on s'en souvint plus tard. A la fin de juillet, la rébellion se trouva assez circonscrite pour que

l'Empereur et le gouvernement pussent rentrer
à Tôkyô.

Les rebelles avaient compté traverser Kyouchou sans difficulté et passer dans le voisinage de
la Capitale. Kagosima, abandonné par eux, restait paisible autour de Hisamitsou et tombait sans
résistance (8 mars) aux mains de l'amiral Itô
qui, après quelques jours, rentrait à Nagasaki,
confiant la ville aux Simadzou : ceux-ci n'avaient
plus ni influence ni forces pour maintenir
l'ordre. Saigô et ses lieutenants furent arrêtés
devant Koumamoto par l'héroïque défense de
la garnison ; puis, celle-ci ayant été secourue
(13 avril), ils se rejetèrent vers l'est, où ils
comptaient sur l'appui décisif du Tosa. Les samourahi de Tosa ne traversèrent pas le canal.
Les opérations continuèrent autour de Kagosima,
abandonnée, occupée de nouveau par les impérialistes (27 avril) et plusieurs fois menacée en
vain par les insurgés. Pendant quatre mois, le
gros des rebelles tint la province de Hiouga, où
ils étaient chaque jour enserrés de plus près par
le cercle des impérialistes ; l'amnistie promise
réduisait peu à peu leur nombre.

Saigô accompagnait l'expédition, laissant la
direction à Kirino et à Mourata ; il se désintéres-
sait des opérations, passait les jours à chasser le
lièvre ; après la délivrance de Koumamoto par
les troupes impériales, il vit l'issue fatale et
proposa à ses compagnons de faire le harakiri.
« N'avons-nous pas assez fait tuer de braves

gens ? » dit-il. Mais Beppou et les autres décidèrent de résister, et il les suivit. Après la prise de Nobéoka (14 août), les rebelles furent entourés, poussés peu à peu sur une éminence ; en un conseil de guerre tenu le 18, Saigô ordonna à tous de se rendre aux troupes impériales, personne ne voulut obéir. Se ressaisissant alors, le commandant en chef assembla en secret ses fidèles, Kirino, Mourata, Beppou, Hemmi, avec deux ou trois cents samourahi de Satsouma résolus à le suivre ; il prit lui-même le commandement, se lança sur les positions des généraux Nodzou et Miyosi, dans la surprise s'empara de munitions, traversa les lignes impériales et disparut avec les siens dans les collines embrumées. C'était le salut pour huit mille rebelles, dont trois mille étaient blessés et qui n'eurent qu'à poser les armes. Cependant Saigô traversait l'île et, le 1ᵉʳ septembre, il s'emparait d'une partie de la ville de Kagosima : à Tôkyô, où l'on avait cru la guerre finie, les craintes furent vives. Ce fut la dernière prouesse du grand samourahi. La petite troupe rebelle, repoussée sur le Siroyama, ouvrit (23 septembre), à l'insu de son chef, des pourparlers pour conserver la vie à celui en qui ils voyaient le sauveur futur du Japon : l'amiral Kawamoura ne pouvant prendre d'engagements pour l'Empereur, les parlementaires rebelles se retirèrent. Au matin du 24 septembre, le sommet du Siroyama fut entouré, couvert d'une pluie de balles ; Saigô, frappé l'un des premiers, se fit

trancher la tête par Hemmi, les chefs et une
centaine d'hommes se donnèrent la mort autour
de lui ; deux cents hommes, presque tous blessés,
se rendirent. La tête de Saigô avait été enterrée
par les siens ; retrouvée, elle fut pieusement
lavée par l'amiral Kawamoura et déposée près du
corps dans la bonzerie de Djôkwôzi, en vue de
la mer et de Sakourazima. Une simple tablette
de pierre, portant les noms et les dates, est sur
la tombe. La nouvelle de la rébellion réprimée
fut accueillie comme un soulagement, mais la
mort du grand Saigô ne rencontra que des sentiments d'admiration et de regret ; avec lui, tombait la conception d'un Japon féodal et fédéral,
en lui disparaissait le héros de la Restauration,
celui dont la fougue et le loyalisme, les vertus et
les erreurs résumaient l'âme même des samourahi : incarnation du passé, il est compris et
chéri du peuple dont il n'a pas su préparer
l'avenir. L'Empereur et le gouvernement s'asso-
cièrent à ces sentiments; il y eut de hautes ré-
compenses pour les vainqueurs ; au retour des
troupes (14, 15, 16 novembre) des solennités
religieuses et militaires furent célébrées au Chô-
koncha, sanctuaire de ceux qui sont morts pour
le pays ; mais il n'y eut pas de réjouissances
bruyantes, le triomphe resta digne. Et quelques
années plus tard, avec cette délicatesse que l'on
trouve à chaque page de l'histoire du Japon, le
grand samourahi rebelle fut pardonné (février
1889), l'Empereur, ne se souvenant que des ser-

vices passés, lui rendit tous les titres et honneurs dont il avait joui de son vivant.

Il fallut aussi sévir. Le procès fit éclater les contradictions des prétendus aveux arrachés par la torture aux agents de police, à Kagosima; aucun autre indice du complot contre Saigô ne fut fourni. Le préfet Ôyama Tsounayosi, l'organisateur de la rébellion naissante, traître au gouvernement qui l'avait nommé, infidèle à Saigô qu'il trompa, fut condamné et exécuté, à l'approbation générale. Les autres chefs étaient morts; sur plus de quarante mille complices, deux mille cinq cents furent condamnés à diverses peines, cinq ans de prison au maximum; le reste fut amnistié. Cette lutte de huit mois coûta quatorze mille hommes tués, vingt et un mille blessés, cinquante mille maisons détruites, quarante-deux millions de yens de dépenses militaires: lourde charge pour le budget et pour le crédit d'un état en crise de transformation.

Kido était mort à Kyôto pendant la rébellion (26 mai): des ouvriers de la première heure, Ôkoubo restait seul, dominant des émules venus plus tard, des opposants impatients de son génie. Fidèle à son ami égaré et disparu, il voulut conserver l'image exacte de Takamori; il s'occupa de réunir les lettres, les notes, les journaux intimes de divers contemporains pour servir de documents à une vie qu'il pria un écrivain connu de rédiger : l'œuvre ne put être achevée que différemment et beaucoup plus tard. C'est à lui qu'il revenait de panser les blessures de la rébellion. Dès le mois d'avril 1877, ne croyant pas à une si longue résistance, il étudiait, avec quelques autres hommes politiques originaires du Satsouma, les mesures pour donner des moyens d'existence, une situation sociale aux samourahi après leur soumission. Au mois d'octobre, l'administration de Kagosima fut confiée à un préfet choisi en dehors de toute question de clan, les lois furent appliquées en Satsouma comme ailleurs. Mais en même temps, Ôkoubo y établissait des écoles et donnait personnellement huit mille yens pour cette fondation réparatrice. Au mois de décembre, il présida l'ouverture de la première exposition d'Ouhéno ; il élabora ensuite un projet de banques industrielles, dont il attendait beaucoup pour le relèvement économique du pays. Au printemps suivant, eut lieu la session annuelle de l'assemblée des préfets ; il avait tenu à la réunir malgré des conseils timorés et la regardait comme un acheminement aux futures assemblées élues. Le 14 mai au matin, il reçut le préfet de Houkousima, Yamayosi Moritérou et l'entretint de ses plans pour développer les ressources de la nation, pour amener les samourahi à prendre part à l'activité économique. « Pour achever notre grande réforme, lui dit-il, il faut compter trente ans ; dans les dix ans déjà écoulés depuis la Restauration, nous avons pacifié le pays et jeté les fondements. Les dix années qui s'ouvrent, seront plus importantes encore, parce qu'il nous faut préciser l'administration, enrichir le peuple, devenir forts en face de l'étranger : avec vous tous, je travaillerai, je l'espère, à cette œuvre. Dans la troisième décade, il faudra progresser et perfectionner : ce sera l'affaire de nos successeurs. » Il congédia Yamayosi et monta en voiture pour se rendre au Conseil.

La route passait par Simidzoudani, un de ces vallons ombreux qui subsistent encore dans Tôkyô et prêtent tant de charme à la ville. Deux paysans y marchaient à pas lents, portant des bottes de fleurs sauvages. Dès qu'ils reconnaissent la voiture du ministre, ils jettent leurs fleurs, tirent le sabre des samourahi qu'ils avaient tenu caché, arrêtent les chevaux, tuent le cocher, tandis que le bettô qui courait en avant, hâte sa course jusqu'au Palais distant de quelques centaines de mètres. En même temps, sortent d'un bosquet de bambous quatre hommes vêtus et armés comme les premiers. Le ministre a une main coupée et la tête fendue ; puis le corps est tiré de la voiture et percé de coups. Quelques instants plus tard, le général Saigô Tsougoumitsi passe en voiture et trouve le cadavre : il le relève et le porte au domicile d'Ôkoubo. Sur la poitrine du mort, on trouve, tout maculé de sang frais, un billet que Tosimitsi gardait pieusement : c'était une lettre de Saigô Takamori.

A la même heure, deux des principaux jour-

naux recevaient par la poste des copies d'un
document signé par les six assassins et adressé
à l'Empereur; l'original fut ensuite trouvé sur
la personne de Simada, le chef de la bande; il
était intitulé : adresse au sujet de la mort des
traîtres ; il reprenait contre les ministres les
accusations du mémoire d'Itagaki, insistant surtout sur le despotisme de l'oligarchie qui con-
fisquait l'Empereur et tyrannisait les samourahi. Les assassins, samourahi du Kaga, avaient
vainement tenté, l'année précédente, de rejoindre Saigô Takamori qui luttait contre les
oppresseurs du pays; celui-ci tombé, il ne restait
qu'à sacrifier les tyrans, et d'abord Kido, Ôkoubo,
Iwakoura ; Kido avait été châtié par le ciel,
Ôkoubo maintenant devait être abattu; suivait
une liste de criminels moins grands, liste dé-
clarée encore incomplète. C'était la vengeance
du régime déchu; ce fut pour le gouvernement
un nouveau signe de l'état des esprits : au mois
de juillet, une déclaration promit d'organiser
des assemblées représentatives d'une nature provisoire, en attendant la constitution parlementaire complète dont Ôkoubo ne croyait pas
l'heure arrivée et dont l'application s'est jusqu'ici
montrée difficile.

Les condoléances impériales, les titres et
honneurs posthumes ne manquèrent pas au
grand ministre, dont le Tennô avait toujours
apprécié le dévouement et la valeur; il fut enterré
aux frais de la cassette impériale, le 17 mai,

dans le cimetière d'Aoyama, à Tôkyô. Une stèle
élevée à Simidzoudani, une autre à Kagosima
rappellent la mémoire du grand homme sur les
lieux où il est né et où il a péri. Il laissait une
veuve et plusieurs enfants, dont l'aîné avait dix-
neuf ans. Le capital de la pension que l'Empereur
lui avait donnée en 1869, avait été consacré
par lui à doter l'école agricole de Komaba ;
dépensant tout son traitement pour des œuvres
d'utilité publique, il n'avait rien amassé ; les
biens furent absorbés par les dettes ; il resta
deux cents yens d'argent comptant pour subvenir
aux besoins de la famille ; les amis du mort
firent restituer les huit mille yens versés récemment aux écoles de Kagosima et se cotisèrent
pour indemniser celles-ci, de sorte que la volonté
d'Ôkoubo fût respectée.

D'une nature affectueuse et enjouée, Ôkoubo
Kôtô aimait la vie de famille, les relations d'a-
mitié ; à Kagosima, il prenait plaisir à réunir
ses sœurs et à leur conter, dans de longues
veillées, des histoires plaisantes ou héroïques ;
toujours il resta curieux de poésie, adroit lui-
même à composer de petites pièces ; il avait du
goût pour le jeu de go et, après un télégramme
important, revenait à une partie commencée.
Ministre, dans les réunions privées il savait
mettre à l'aise les subalternes, ne dédaignant
pas de faire appeler les géicha, accompagnement

obligatoire de tout dîner japonais. Mais il avait
une seule passion, celle de l'Empire, et, depuis
1862, il lui consacra toutes ses heures; son
sérieux alors imposait le respect à tous, son pas
entendu dans les couloirs du Ministère appelait
tout le monde au travail et, quand il paraissait
au Conseil, ses collègues, ses supérieurs même
cessaient toutes conversations particulières. Sa
froideur officielle se tempérait de déférence
pour les opinions, de bonté pour les personnes :
il accueillait les avis même de ses subordonnés; et
plus d'une fois, un préfet, croyant n'avoir pas
réussi à l'intéresser, était surpris de recevoir,
deux jours après un entretien, un résumé précis
et détaillé dicté par le ministre à un secrétaire,
avec une demande d'éclaircissements. Sa fidélité
à la parole donnée était inflexible, méprisant la
calomnie et couvrant jusqu'au bout les agents
qui exécutaient ses instructions; on vit un jour
Yosii Tomozané se rendre au cimetière d'Aoyama
et annoncer aux mânes du grand ministre l'achè-
vement de la célèbre route de Kourikaratôgé :
il en avait été prié par un télégramme de Misima, préfet de Yamagata, qui, jadis encouragé
dans cette entreprise par Ôkoubo Tosimitsi
contre les insultes et les calomnies, voulait faire
hommage du succès à son protecteur.

Dépourvu d'ambition personnelle, Tosimitsi
reportait le mérite sur ses collaborateurs, ne
cherchant dans le pouvoir que la responsabilité
et la liberté de travailler au bien de l'Empire.

Dans son enfance chef de la « ligue impériale », il fut toute sa vie le plus ferme soutien de l'unité impériale. Immuable de direction, sa volonté planait au-dessus des détails, substituait dans le dessein conçu un mode d'exécution à un autre mode devenu caduc, évoluait de l'alliance avec le chôgounat à la lutte contre le chôgounat, s'appuyait sur les daimyô et les samourahi, puis les réduisait au niveau commun pour arriver à l'exaltation du Tennô. Quand il avait reconnu son erreur, il le déclarait loyalement à son adversaire; il savait abandonner un point secondaire pour gagner le principal; mais toujours il tenait les yeux sur son but, incapable de céder à la contradiction ni à l'intimidation. Ce courage froid imposait le respect, pendant que cette attitude inflexible lui faisait des ennemis acharnés; il le savait; dans ses derniers jours, il reçut une lettre d'avertissement; mais de cette lettre, comme des avis amicaux, il ne tenait aucun compte : « La durée de la vie est fixée, disait-il, le ministre sert selon sa conscience jusqu'au dernier souffle. » Son intelligence était faite de logique et d'observation; connaisseur des institutions, des hommes, des circonstances, il savait mettre chacun à son poste, faire agir, même à leur insu, ceux qui l'approchaient; avant tout autre, il se dégagea des illusions de Hisamitsou rêvant l'union de la Cour et du Bakou-hou, de Saigô voulant renverser le chôgounat à force de complots. Son esprit systématique adopta l'idée de ramener l'Empire à l'unité impériale, de concilier cette forme antique avec les nécessités des relations extérieures; sa patiente observation trouva les voies, achemina le Japon nouveau vers une constitution moderne, vers un premier rôle dans l'Asie orientale.

Son œuvre se résume dans une phrase : en moins de dix ans, il a tiré d'une féodalité complexe un état moderne, centralisé, muni de tous ses rouages. Sans doute, des éléments nombreux existaient pour former le Japon impérial, et la transformation fermentait : mais si la France de Henri IV renfermait celle de Louis XIV, oublie-t-on pour cela l'œuvre de Richelieu? La masse du peuple n'a pas rendu justice à son grand ministre, elle lui préfère l'éclat chevaleresque du grand conspirateur Saigô : c'est que celui-ci, incarnation du passé, est plus facile à comprendre que l'architecte d'un état, d'une société.

Pour embrasser d'un coup d'œil la carrière parcourue, il faut prendre un point de repère. La Chine de 1860, commerçante, dominant le tiers de l'Asie, unifiée depuis des siècles, administrée par l'aristocratie une des mandarins qui sont tirés du peuple au moyen d'un choix réglé, devait sembler plus proche de l'Europe que le Japon, asservissant les classes inférieures, isolé, divisé, gouverné par une caste militaire héréditaire ; le palais de Péking semblait moins impénétrable que le sanctuaire de l'Empereur solaire.

Le Japon a accompli sous nos yeux une évolution inouïe, tandis que la Chine continue de se débattre, comme en un cauchemar, contre les étrangers qu'elle ne peut chasser, contre leurs machines et leurs sciences dont elle ne peut se passer, mais qu'elle ne sait assimiler. Ce qui a manqué à la Chine, c'est l'esprit public, toutes les activités étant polarisées dans une organisation en petits groupes incapables de s'oublier eux-mêmes; ce qui a fait le succès du Japon, c'est l'esprit public, parfois mêlé d'alliage, mais qui voit au delà des intérêts actuels et qui, chez Ôkoubo, dominant les idées de caste et de clan, s'élève à la conception de l'Empire nouveau. Ce qui a manqué en Chine, c'est une volonté éclairée et maîtresse; Ôkoubo eût sans doute succombé dans sa lutte contre le passé et contre l'avenir hâtif, contre Hisamitsou et Saigô, contre Itagaki; mais toujours il a été appuyé par Iwakoura, soutenu, de plus haut qu'Iwakoura, par une main puissante et cachée, celle du Tennô même. Nulle hypothèse, hormis cette action voilée, n'explique la continuité de développement du Japon nouveau.

TABLE

—

———

CHARTRES. — IMPRIMERIE DURAND, RUE FULBERT.

FÉLIX ALCAN, Éditeur, 108, Boulevard Saint-Germain, Paris, 6ᵉ.

PUBLICATIONS PÉRIODIQUES

REVUE HISTORIQUE

Dirigée par G. MONOD

Membre de l'Institut, maître de conférences à l'École normale,
Président de la section historique et philologique à l'École des Hautes Études.

(Vingt-neuvième année, 1904.)

Paraît tous les deux mois, par livraisons grand in-8 de 15 feuilles
et forme par an trois volumes de 500 pages chacun.

Prix d'abonnement : Un an, pour Paris, 30 fr. — Pour les
départements et l'étranger, 33 fr. — La livraison 6 fr.

Les années écoulées, chacune 30 fr. ; le fascicule, 6 fr. Les fascicules
de la 1ʳᵉ année, 9 fr.

ANNALES DES SCIENCES POLITIQUES

REVUE BIMESTRIELLE

PUBLIÉ AVEC LA COLLABORATION DES PROFESSEURS ET DES ANCIENS ÉLÈVES
DE L'ÉCOLE LIBRE DES SCIENCES POLITIQUES

(Dix-neuvième année, 1904.)

COMITÉ DE RÉDACTION : M. Émile BOUTMY, de l'Institut, directeur
de l'École ; M. Alf. DE FOVILLE, de l'Institut, conseiller maître à la
Cour des comptes ; M. R. STOURM, ancien inspecteur des finances et
administrateur des contributions indirectes ; M. Alexandre RIBOT,
député, ancien ministre ; M. L. RENAULT, professeur à la Faculté de
droit ; M. Albert SOREL, de l'Académie française ; M. A. VANDAL, de
l'Académie française ; M. Aug. ARNAUNÉ, directeur de la Monnaie ;
M. Émile BOURGEOIS, maître de conférences à l'École normale supérieure ; directeurs des groupes de travail, professeurs à l'École.

Rédacteur en chef : M. A. VIALLATE.

Conditions d'abonnement. — Un an (du 15 janvier) : Paris, 18 fr. ;
départements et étranger, 19 fr. — La livraison, 3 fr. 50.

*Les trois premières années (1886-1887-1888) se vendent chacune
16 francs, les livraisons, chacune 5 francs, la quatrième année (1889) et les
suivantes se vendent chacune 18 francs, et les livraisons, chacune 3 fr. 50.*

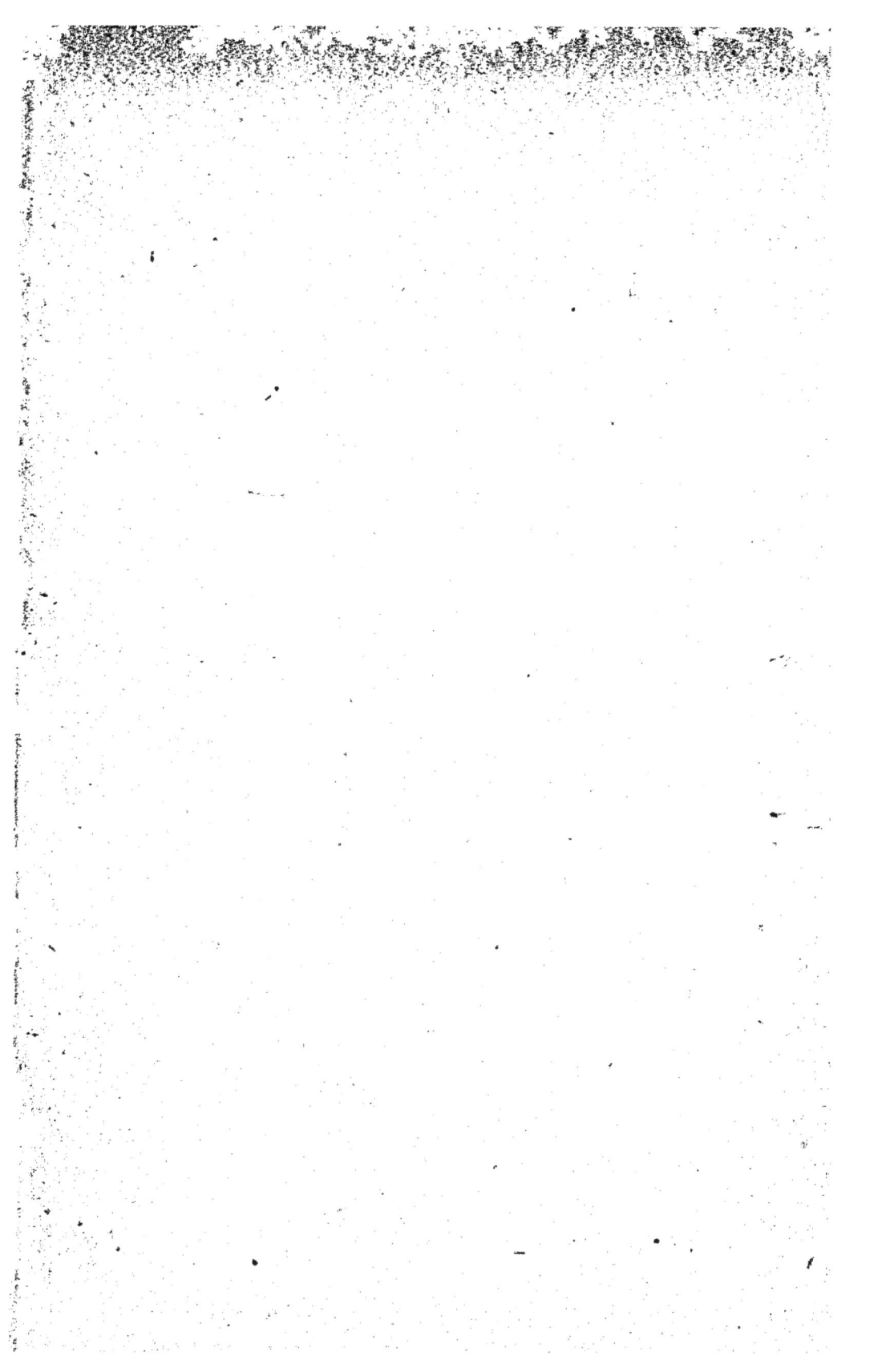

www.ingramcontent.com/pod-product-compliance
Lightning Source LLC
Chambersburg PA
CBHW071940090426
42740CB00011B/1757